现代视域下的思政理论教育与实践

张静 贺林 张庆 著

中国纺织出版社有限公司

图书在版编目（CIP）数据

现代视域下的思政理论教育与实践 / 张静，贺林，张庆著. -- 北京：中国纺织出版社有限公司，2023.5（2024.8重印）
ISBN 978-7-5229-0592-1

Ⅰ. ①现… Ⅱ. ①张… ②贺… ③张… Ⅲ. ①高等学校—思想政治教育—研究—中国 Ⅳ. ①G641

中国国家版本馆CIP数据核字（2023）第086428号

责任编辑：张　宏　　责任校对：高　涵　　责任印制：储志伟

中国纺织出版社有限公司出版发行
地址：北京市朝阳区百子湾东里A407号楼　邮政编码：100124
销售电话：010—67004422　传真：010—87155801
http：//www.c-textilep.com
中国纺织出版社天猫旗舰店
官方微博http：//weibo.com/2119887771
北京虎彩文化传播有限公司印刷　各地新华书店经销
2023年5月第1版　**2024年8月第2次印刷**
开本：710×1000　1/16　印张：13
字数：180千字　定价：98.00元

凡购本书，如有缺页、倒页、脱页，由本社图书营销中心调换

前言
FOREWORD

我国一直以来都非常重视思想政治教育。高校是教育和培养人才的主要基地，必须担负起为社会主义建设培养合格接班人的重任。一名优秀的人才不但要有丰富的专业知识和技能，而且要有崇高的思想政治道德和理想。因此，在人才培养过程中，高校除了开展专业知识教育外，还必须确立思想政治教育的主体地位，加强思想政治教育的实践与创新。

高校进一步加强和改进大学生思想政治教育，提高大学生思想政治素质，将他们培养成为德、智、体、美、劳全面发展的中国特色社会主义事业的建设者和接班人，对于全面实施"科教兴国"和"人才强国"战略，确保我国在激烈的国际竞争中始终立于不败之地，加快推进社会主义现代化的宏伟目标，保证党和国家事业兴旺发达有重大意义。

思想政治理论教育是高校思想政治教育的主渠道，承担着对大学生进行马克思主义理论教育的任务。马克思主义是世界无产阶级认识世界、改造世界的利器，是中国共产党立党立国的根本指导思想，是全党全国人民团结奋斗的共同思想基础。充分发挥思想政治理论教育教学的作用，有助于大学生掌握和运用马克思主义世界观和方法论，观察和分析问题，认识自己的历史使命，从而努力学习，全面发展。思想政治理论教育始终保持正确的教育教学方向，在坚定大学生对马克思主义、社会主义的信仰，增强改革开放和现代化建设的信心，增强党和政府的信任等方面发挥了重要作用。但不可否认，一些大学生对思想政治理论教育教学还很冷漠，厌学。造成这种状况的原因是多方面的，其中思想政治理论教育教学针对性不强、说服力低、感染力弱是重要原因。

长期以来，关于如何提高思想政治理论教育实效性的研究和实践不断开展，并取得了相当大的成就。但这种研究往往集中在课程教学内容、教学方法和教学手段改革的某些方面，对"什么是思想政治理论教育"问题缺乏整体性、系统性的研究。因此，思想政治理论教育的根本意义还没有被充分认识。在认识和实践中存在许多误区和偏差，这是思想政治理论教育效果差的深层次原因。显然，深入研究思想政治理论教育教学的根本意义，弄清楚"什么是思想政治理论教育，如何进行思想政治理论教育"显得尤为重要和紧迫。

第一，视域宽广、立意高远。本书立足于当今世界发展的主要特征和基本趋势以及中国实际及其发展的新变化，以及由此引发的大学生思想观念的多样化及其成长需求的新特点，以中共中央、国务院、中宣部、教育部的相关精神为指导思想，以贴近实际、贴近生活、贴近学生为基本原则，对"什么是思想政治理论教育教学、怎样进行思想政治理论教育教学"作出了富有时代感的论述。

第二，思路新颖、内容翔实。在教育研究界，对思想政治理论教育教学研究的成果虽然很多，但从整体上系统地研究思想政治理论教育教学的成果并不多见,而这正是本书的一大特色。

第三,具有学术见地,富于实际操作。相对于学术界在这方面已有的成果,本书有不少创新之处,这是作者长期潜心研究的思想结晶。

本书在撰写过程中,引用了国内外学者的有关著作和论述,并从中受到了启迪,特向他们表示诚挚的敬意。由于作者知识与经验的局限性,书中的错误和疏漏之处在所难免,恳请广大读者提出宝贵意见和建议,以使学术水平不断提升。

著者

2023 年 3 月

目录 CONTENTS

第一章 概 述 / 1
  第一节 思政教育理论基础 / 2
  第二节 思政教育的特征 / 11
  第三节 思政教育方法创新 / 21

第二章 现代思政教育现状分析 / 27
  第一节 思政教育总体现状 / 28
  第二节 思政教育课堂现状 / 33
  第三节 高校思政教育创新的必要性 / 38

第三章 思政理论教育课程结构体系 / 43
  第一节 思政理论课程教学内涵 / 44
  第二节 思政教育课程的结构特征 / 53
  第三节 思政教育课程的结构层次 / 59

第四章 现代思政教育的时代性课题 / 65
  第一节 经济全球化与思政教育实践性 / 66
  第二节 政治民主化与思政教育实践性 / 75
  第三节 文化多元化与思政教育实践性 / 84

第五章 现代思政教育实践路径新发展 / 91
  第一节 现代思政教育生活实践路径发展 / 92
  第二节 现代思政教育虚拟实践路径发展 / 95

第三节　现代思政教育文化实践路径发展 / 101

第四节　现代思政教育实践性的路径拓展 / 108

第六章　现代思政理论教师的教育素养 / 129

第一节　思政理论教师的语言素养 / 130

第二节　思政理论教师的情感素养 / 137

第三节　思政理论教师的心理素养 / 142

第七章　思政教育理论与实践相结合的路径创新 / 155

第一节　思政教育理论课程建设创新 / 156

第二节　思政教育实践活动的创新 / 163

第三节　思政教育校园文化的创新 / 172

第四节　思政教育新媒体环境创新 / 179

参考文献 / 197

第一章

概　述

思想政治教育（简称"思政教育"）理论是思政教育工作进行和发展的基础，只有在对思政教育理论进行全面学习和深刻理解的基础上，才能实现思政教育工作的创新和发展，保证思政教育工作沿着正确的轨道前进。对思政教育理论进行全面的学习，需要了解思政教育的起源与历史发展，深刻掌握思政教育的理论基础，包括马克思主义关于思政教育的相关理论，以及中国特色的社会主义思政教育的相关理论。只有深刻掌握这些理论，才能做到理论联系实际，指导思政教育实际工作的发展与创新。

第一节　思政教育理论基础

一、关于人的全面发展理论

人的全面发展理论是马克思主义学说的核心理论，马克思主义所有的学说和理论，归根结底就是实现人的自由和解放，促进人的自由全面发展。马克思主义关于人的全面发展理论有十分丰富的内涵。正确地认识和梳理马克思关于人的全面发展的科学内涵，是我们推动实现当代大学生全面发展的基本前提。

（一）马克思关于人的全面发展理论的内容

1. 人的全面发展是指人的需要的丰富和满足

在马克思看来，正是人的需要的发展和需要的不断满足推动着人类和人类社会的文明进步。人的需要是人的意识活动及其他各方面行为活动的内在动力。人的需要是多样的和多层次的，不仅包含物质需要，还包含精神需要，精神需要中又包含发展需要、自我实现的需要等。人们总是在旧的需要得以满足的基础上产生新的需要，从而推动各项事业的发展。因此，马克思指出，人的需要的发展证明了人的本质力量和人的本质的充实。人的需要具有层次性，需要形式的日渐多样，以及需要的不断满足，推动人的全面发展，进而推动人类社会的全面进步。

2. 人的全面发展是指劳动能力的全面发展

马克思在《1844年经济学哲学手稿》中指出："劳动这种生命活动、这种生产生活本身对人来说不过是满足他的需要即维持肉体生存的需要的手段。而生产生活就是类生活。这是产生生命的生活。一个种的全部特性、种的类特性就在于生命活动的性质，而人的类特性恰恰就是自由的有意识的活动。生活本身仅仅成为生活的手段。"由此可以看出，人的类特性就在于自由自觉性。劳动，作为人的根本实践活动，创造了人，也造就了人的类本质。因此，劳动能力的强弱和劳动水平的高低，直接决定并且反映着人的自由自觉性的发展程度，劳动能力的全面发展，成为人的自由全面发展的根本。

3. 人的全面发展是指人的个性的自由全面发展

从马克思关于人的发展的三个阶段来看：第一个阶段，是人对人的依赖，人的个性被淹没在依赖性的畸形人际关系中；第二个阶段，在对物的依赖的基础上人的独立性有所发展，人的个性有所表现；第三个阶段，即自由个性的阶段，生产力高度发展，社会财富极大丰富，人们才注重追求个性的自由发展。第三个阶段也被称为"自由人的联合体"阶段。人的个性的自由发展程度，是人的全面发展的综合表现。人的全面发展，以人的个性的自由全面发展为基点，而人的个性的自由全面发展的程度，代表了人的全面发展的优劣。

4. 人的全面发展是指人的社会关系的不断丰富

人的本质属性是社会性，人是处于社会关系中的人，人的发展与其社会关系紧密相连。马克思在《关于费尔巴哈的提纲》中指出："人的本质不是单个人所固有的抽象物，在其现实性上，它是一切社会关系的总和。"人总是社会的人，总是在一定的社会关系中生存和发展。任何一个人的能力的形成、发展和完善，都离不开特定的社会关系。人的社会关系的发展，是个人形成的社会关系日益普遍化、全面化的过程。每个人都有自己的社会圈，每个人每天都在同他人交往着，只有在同他人交往的过程中，人才能发展。因此，个人的发展通常取决于与他发生交往的人。一个人的社会交往程度越高，社会关系越丰富，他的视野就越开阔，获取的信息、知识、技能、经验就越多，能力的发展就越快，进步就越全面、越迅速。

（二）马克思关于人的全面发展理论对大学生思政教育的启示

马克思关于人的全面发展理论为大学生思政教育提供了科学的理论依据。可以这样说，马克思主义关于人的全面发展的理论为新时期我们重新审视大学生思政教育提供了一个新的角度，是大学生思政教育的科学指南。马克思关于人的全面发展的理论是培养大学生实践能力的符合人的社会关系的全面丰富理论，大学生思政教育要促进人的全面发展，就要通过社会实践促使大学生在实践中树立和发展正确的世界观、人生观、价值观，使他们在这个过程中形成并发展自身的意志、性格和品质，锻炼自己的身心，增强体魄，培养健康向上的心理状态。人的需要的充分发展是实现人的全面发展的前提，大学生思政教育工作只有自觉地围绕学生的这种需要来展开，才具有说服力和吸引力，才会引起学生的共鸣，使大学生自觉地将思想道德素质的提升内化为自己的需要，自觉自愿地加入思政教育的活动中，接受教育和锻炼。因此，大学生思政教育必须树立为学生素质拓展服务的意识，为学生素质教育服务，通过素质拓展活动来培养学生多方面的能力，使他们成为全面发展的人才。

二、关于人和社会关系的理论

（一）人和社会关系理论的内容

针对人与社会关系的这一问题，马克思给出了自己的解释。其内涵主要包括以下两个方面。

1. 社会是人的社会

马克思认为，社会是人的社会，没有人，社会就不可能存在。社会的形成伴随人的发展。人和社会之间存在互为基础、互为结果的关系。如果将社会看作一个复杂的有机体，那么社会的产生、构成及发展过程中存在的有机性完全根源于人的有机性,这是因为社会是人存在和发展的载体,因此,社会才具有有机性。因此,在任何社会关系中都存在一个社会历史前提的问题。

马克思在创立唯物史观时提出,唯物史观必须从"现实的个人"出发研究人的本质以及人和社会的关系。这是因为历史存在的前提是有生命的人的存在,因此,首先确定"肉体组织"的存在,然后讨论受到肉体组织制约的人与社会的关系。

马克思认为,"现实的人"一定是处于一定社会历史条件下的,并且存在于一定的社会关系中。无论是何种形态、何种形式的社会,其都是人的交互作用的结果;而社会的主体只能是人,但是这些人是存在于一定的相互关系中的,也就是说,社会其实就是处于社会关系中的人本身。人处于的社会关系主要包括生产关系、家庭关系、阶级关系、政治关系、交换关系等。这些关系的主体是个人,同时这些关系也是在个人的相互作用下产生的。因此,马克思得出结论:人是什么样,社会就会是什么样。从这个角度分析,不难理解,马克思定义下的"现实的人"并不仅仅是人这一个体,而是存在于一定社会关系中的人。同时,社会历史也不是别的事物的历史,而是由处于社会关系中的"现实的人"在生产和交往活动中创造出来的历史。

2. 人是社会的人

马克思认为,人是社会中的人。马克思将社会看作人存在的形式和载体,而他认为仅仅具备物质结构和功能的生命个体不能算作真正的人,真正的人是现实的人,是存在于社会关系中的人,因此,人与社会是无法分离的,只有存在于一定社会关系中并和其他人发生关联,人才是真正的人。人无法脱离社会孤立地存在。

人是社会的存在物。人类存在的本质是社会生存。作为社会的存在物,人的生命表现,无论是否与他人一同完成,都是社会生活的体现。马克思认为:"人的个人生活和类生活并不是各不相同的,尽管个人生活的存在方式必然是类生活的较为特殊或较为普遍的方式。"社会和个人不是对立存在的，人是社会整体中的一部分，人的个人生活方式无论是表现出其独特的个性，还是表现出一类群体的共性，在本质上都是社会生活的重要体现。

人和人的生产能力都是单方面的，但是为了满足自己多方面的需求，个人就需要和其他人进行分工合作，实现生产交换和互补，从而实现个人需求。从这个角度不难看出，个人只有通过在社会关系中同他人建立联系才能获得生存和发展。

从表面上看，每个人都是独立存在的个体，但是人的本质还是社会的，人并不是抽象地存在于世界之外的事物，而是构成国家、世界的元素，本质上就是国家，就是社会。除了物质生产外，人的脑力劳动与科学研究从本质上来看也是社会活动，这是因为人们进行脑力劳动、开展科学研究所需要的材料和条件都是社会提供的。因此，人是社会的人。

（二）人和社会关系理论对大学生思政教育的启示

思政教育的根本目标是帮助大学生提高自身认识世界、改造世界的能力，而人是社会的人，人是唯一以社会行为为自身基础和根本特色的存在物，人总是在一定的社会关系中存在和发展的，人的内在全面丰富的本质只有在社会关系中才能得到表现和实现，马克思认为，"社会关系实际上决定着一个人能够发展到什么程度""一个人的发展取决于和他直接联系或间接交往的其他一切人的发展……发展不断地进行着，单个人的历史决不能脱离他这种发展正是取决于个人之间的联系"。只有人的社会关系得到高度的丰富和发展，处于社会关系中的人才会实现自身的全面发展，大学生思政教育才能取得进一步成效。

三、马克思主义人本理论

（一）马克思主义人本理论的内容

人们对马克思关于人的本质的研究，大多集中在他对人的本质内容的基础上，而对他关于人的本质问题的研究方法及理论意义缺乏探讨，结果使这种研究难于把握问题的真谛。马克思对人的本质的探究主要采取三种方法。

1. 寻找人之所以成为现实的个人的根据

人是现实生活中的人，只有有血、有肉、有灵魂，并与社会打交道的个体，才是现实的人。马克思之前的哲学家认为，人的本质是人所具有的思想、意识和理性。思想、意识和理性确实能够把人与动物区分开来，但绝不是人的本质属性。

在马克思看来，直到人们自己能够运用劳动工具生产生活资料时，人与动物相区别的标志正是人自身。生产劳动是现实的人的类本质，生产劳动是人区别于动物的本质特征，生产劳动能够推动人的各种属性的发展。在关于人的本质研究上，马克思做出了巨大贡献，这位伟大的思想家有辩证唯物主义的头脑，他将人的本质建立在辩证唯物主义基础之上。

马克思在辩证唯物主义的道路上走得更远。马克思认为，人的类本质与人的本质是两个不同的课题。在人的类本质问题上，物质生产劳动是人成为人的根据，把人和动物区分开来。人必然存在于现实生活中，每个现实的人为了自己以及后代的生存，都从事一定的劳动，由于自然因素，现实生活中的人是与他人不同的独一无二的个体；在人的本质问题上，人的社会属性就凸显出来，人的特定的社会关系就构成了他的本质属性。

2. 分析人的存在

人的存在是多方面的，马克思把它主要划分为四个基本方面：自然存在、类存在、社会存在、个性存在。这实际上是从人的生活中揭示人的本质。此方法的特点是，首先确定人的基本存在，然后从中揭示出人的本质。

个人的自然存在即有生命体征的个人存在，它包括人自身的自然存在和人身外的自然存在。个人的自然存在要成为人的自然存在，在马克思看来，在于人的物质生产劳动和社会关系。马克思就从人的自然存在中揭示出人的本质——物质生产劳动和社会关系。

生活在现实生活中的每个人都有自己不同于他人的个性，每个人的生活过程是完全不同于其类生活和社会生活的。类生活和社会生活是不能取代个体生活的。马克思认为，个人是社会关系的承担者，但社会关系并不是个人的全部，个人绝不只是社会关系的承担者，所以，社会存在不能代表个人的全部。

然而，人又是社会的存在物，其本质是一切社会关系的总和。马克思认为，人正是以自己的需要和活动为基础，在社会生产实践中成为社会的存在物。在马克思看来，个体的社会联系是由于人们之间的相互依赖性和所进行的社会生产实践劳动而形成的，人以自己的需要和活动为中介而成为社会存在物。因此，每个人拥有不同于他人的社会生产方式和社会关系。

3. 分析人的物质实践活动

人是具有多种属性的存在物。马克思以前的思想家往往片面夸大某一属性，忽视其他属性。18世纪，法国唯物主义者把人的本质归结为人的某种自然属性，而德国古典哲学家则把人的理性看作人的本质。在马克思看来，这在于他们没有看到人的所有属性得以统一的基础——物质实践活动。

马克思从物质生产活动中发现了人的本质之秘密。他通过对这一活动的分析，揭示了人的本质的丰富性、历史具体性和完整性。这一方法贯穿于马克思所有著述的始终。归结起来，可分为三个基本逻辑层次。一是从分析人的实践活动本身的性质入手揭示人类本质。就人的本质而言，实际上表达了三层含义：其一，人的类本质在于人的生命活动的性质；其二，这一性质在于自由自觉；其三，人的全部本质都内含在人的活动中。二是从人的物质生产劳动的社会性质——物质生产方式或物质生活方式出发揭示人的社会本质。马克思指出，物质生产方式决定了个人的生活方式，而生活方式是依据活动方式的。三是从人的物质生产劳动的个人性质入手揭示人的个人本质。马克思指出，人的物质生产活动既属于社会，又属于个人，人的物质生产需求源于人的需要。

综上所述，马克思在人的物质生产劳动的基础上，揭示了人的本质：人是个人需要、社会实践活动和社会关系的统一体。

另外，要弄清楚马克思关于人的本质的内容，首先应对他的人的本质概念加以了解。因为在对马克思人学理论的研究中，人们对他关于人的本质内容的理解存在较大分歧，究其原因，是人们对人的本质与人性、人的本性、人的属性缺乏清晰的认知。在马克思看来，人的本质有两层含义：第一，人的本质是人与动物相区别的最根本属性；第二，人的本质决定了人的现实存在，产生了人的各种类特性。

人的自我产生是一个从潜在的人到现实的人的过程，劳动是人们谋生的手段，劳动创造了人的意识、语言、社会性，劳动产生了人。人正是通过生产劳动证实了自己的意识和自由自觉性。人要想在社会中生存下去，必须进行物质资料生产活动，在进行物质资料生产过程中，人的物质生活诞生了。

与人的本质不同，人性并不是人之所以成为人的真正根据。它的含义或特征是人区别于其他动物的全部类特性，这种类特性是通过人的本质表现出来的，这种类特性有理想和现实之分。人性主要侧重于人区别于动物的全部类特性，而人的本质则主要着眼于揭示人与动物区别的根据，并对人之所以称为人给予说明。换言之，人性只表示从外观上看人和动物有哪些不同，而没有指出造成这些不同的内在根据。

人性有理想和现实之分，而人的本质就其本来意义而言，它自身包含理想因素和现实因素。在马克思看来，理想的人性是对动物性和非人性的否定，是对人的个性或主体性的肯定，是人的类特性在人的道德精神中表现出来的、有利于个人的一系列优秀品质和完美特性。这种人性不是从现实出发，它所规定的不是人性的现实状况，而是对美好人性的向往，是一种被精神净化、美化了的人性模范，因而它具有规范性。人的本性既与人的本质不同，又与人性不同。在马克思的德文原著中，人的本性和人的本质、人性是在不同的含义上使用的。人的本性是和"天性"一词的含义等同的，而人的本质则是另外意义上的一个名词，它指的是人的"根本特性"。此外，马克思在谈到人的本性时，往往与人的自然欲望和生理需要以及天性联系在一起，而谈到人性时，他又常和人的美好品质相连。可见，人的本性与人的本质、人性是有区别的。

人的本性与人性、人的本质还有其联系的一面，这就是：人的本性是人性的逻辑前提和根源，离开人的本性就无所谓人性。承认人的本性并不等于承认人性，因为人性还是人的本性在人的生产劳动或社会实践中的表观，是历史的变化了的人的本性。人的一般本性只是一种形式上和本体上的抽象规定性，而人的历史的变化了的本性即人性。

大致来讲，人的一般本性的内容包括自然本性、精神本性、劳动本性和社会本性。但从形式和逻辑次序来讲，其最基础的本性是受人的肉体组织制约的自然本性，而人的主要自然本性是人的需要。这是因为以下四点。

第一，人之所以要结成社会，是由于个人在其自然性上是有限的，单靠个人无法从外部自然界获得满足自己生存的生活资料，更谈不上发展，为了生存和发展，人需要和他人合作交往即结成社会。

第二，在自然主义看来，人是自然的一部分，自然就是人的"王国"，人的身体、各种需要和感觉，把他与自然紧紧联系在一起。

第三，马克思批判地继承自然主义的上述思想，鲜明地把人的需要作为人的本性，比前人进了一步。

第四，人的需要之所以是人的本性还在于，人的需要是人本身固有的、不可缺少的、必然的，规定并制约人的一切行为。

人的需要只不过构成"生产的观念上的内在动机"，构成"生产的前提"；生产和需要总是表现为一个过程的两个要素，生产是逻辑起点，对其他要素起支配作用，人的需要本身就是生产活动的内在要素。倘若抛开生产劳动来谈人的需要，我们就不能解释需要的内容及其满足方式。当谈论生产劳动和人的需要的关系时，我们的出发点和立脚点是现实的。在这个意义上，把人的需要看作比人的生产劳动更根本的观点是错误的。人的最根本的东西是能把人和动物区别开来，人的需要再重要，它也不能把人和动物从根本上区别开来，而能做到这些的，只能是人的生产劳动。人的本质、人性和人的本性，虽然在程度和意义上不同，但都是通过人的各种属性（其基本属性是人的自然属性和社会属性）表现出来。人在与其他个体发生关系时,他表现出来的应是人的种社会属性;在人作为自然的一部分的意义上,他表现出来的是人的自然属性。

综上所述,人的本质是人的根本,是人成为人的根据;人性由人的本质所决定,通过人的精神表现出来;人的本性是植根于人的肉体组织中的,是人固有的、必然的、不可缺少的性质,天然决定人的行为。其中,人的本质是对人来说的最根本的东西,离开人的本质来谈人性和人的属性,必将陷入误区。

(二) 对于大学生思政教育的启示

马克思关于人的本质的理论,最主要的还是以人为本。以人为本对人类社会活动的各个领域普遍有效,但具体表现形式各不相同,因而它必须同各个领域的实际情况结合起来。以人为本在大学生思政教育领域的本质要求,强调要突出人的发展。

人是教育的出发点,也是教育的归宿;人是教育的中心,也是教育的目的;人是教育的基础,也是教育的根本。这要求高校在进行大学生思政教育时,要时刻注意"以人为本",要因材施教,要具体情况具体分析,要不断提高大学生在思政教育过程中的主体地位,尊重他们的思想,重视他们的观点,用他们喜欢的方式,用他们能够接受的方法来开展思政教育。

第二节　思政教育的特征

一、方向性、思想性和科学性的内在统一

方向性、思想性、科学性的内在统一,是体现思政教育理论性质的首要特征。其中,方向性是第一位的。方向性,体现了思政教育理论所具有的明确的目的性,要求思政教育理论必须旗帜鲜明地用马克思列宁主义、毛泽东思想、邓小平理论、"三个代表"重要思想、科学发展观、习近平新时代中国特色社会主义思想武装大学生的头脑，防止出现借口尊重和体现学生的主体性，而在重大思想和政治原则问题上采取放任的态度。思想性，体现了思政教育理论重视学生的精神价值和精神动力，注重思想观念对学生行为的指导作用，着眼于对大学生进行世界观、人生观、价值观教育，坚持把理想信念教育作为核心内容，切实引导大学生树立建设中国特色社会主义的共同理想和坚持党的基本路线不动摇的坚定信念。科学性，体现了思政教育理论在指导思想上、内容上和方法论上的真理性和正确性，要求思政教育理论真正做到以科学的理论武装人，以真理的力量说服人，以科学的方法吸引人。

思政教育理论的方向性、思想性、科学性的统一是其本身所具有的内在统一。思政教育理论坚持以马克思列宁主义、毛泽东思想、邓小平理论、"三个代表"重要思想、科学发展观、习近平新时代中国特色社会主义思想为指导，坚持社会主义大方向，抵制各种错误思潮，就是以科学的世界观和方法论武装大学生的头脑，起到提高思想觉悟、提升精神境界、发挥精神动力的作用。如果真正做到坚持把社会主义、共产主义理想和信念教育放在首位，坚持以科学的教学内容和教学方法提高大学生的思政素质和综合素质，也就必然会坚持以马克思列宁主义、毛泽东思想、邓小平理论、"三个代表"重要思想、科学发展观、习近平新时代中国特色社会主义思想为指导的方向，而不会坚持资产阶级的或其他的价值导向。坚持无产阶级的方向性，就必然具有正确的思想性和科学性特征；反之亦然，只要坚持无产阶级的思想性和科学性原则，也就必然坚持正确的方向性。正如恩格斯所指出的："科学越是毫无顾忌和大公无私，它就越符合工人的利益和愿望。"

思政教育理论的方向性、思想性、科学性的内在统一，还可以从其真理性与价值性的内在统一中得到验证。具有真理性的科学本身就具有价值性。在这里，真理性是指作为主体的思政教育理论活动所具有的正确反映并改造客体的科学性质；价值性是指作为客体的思政教育理论所具有的满足主体需要的价值属性。思政教育理论的科学性体现了其真理性，而思政教育理论的方向性和思想性则体现了其价值性。一方面，思政教育理论的方向性和思想性要求它为实现社会主义现代化的奋斗目标服务，为广大人民的根本利益服务；另一方面，强调它应为大学生个人的成长成才和全面发展服务，为他们能够最大限度地实现自身的社会价值和自我价值服务。这其中既包含有思政教育理论推动人类社会进步发展的价值，也包含对于促进个人的成长进步的价值。思政教育理论之所以能够实现这两方面的价值，其内在根据就是它具有真理性或科学性。缺乏真理性或科学性的教育，是不能实现其价值的，也就是说，思政教育理论价值的实现，必然要求思政教育理论具有真理性或科学性。思政教育理论的方向性、思想性的价值体现和其真理性或科学性要求具有内在的一致性。

思政教育理论要坚持方向性、思想性、科学性相统一的特征，就要充分体现马克思主义理论的科学性和鲜明的时代性特征，充分体现对马克思主义既坚持，又不断发展创新的科学态度。

马克思主义自创立以来，之所以能一直保持其科学的生命力，始终洋溢着鲜明的时代精神，就在于它是随着时代的发展而不断发展的。理论的科学性与时代性是统一的，因为科学的理论必须随着时代的发展而发展，不能一成不变。封闭、僵化、落后于形势变化和时代的发展，只会导致理论由科学向非科学蜕变。所以，思政教育理论在坚持以科学的理论武装人的同时，必须坚持时代性原则，即坚持以符合新时代新形势和发展需要、符合新形势下人们思想实际和发展需要的理论武装人。马克思主义理论的科学性和时代性虽然已为历史所证实，但是，在新的形势下仍然会面临新的挑战、要回答新的问题，并且要在不断回答新问题、解决新矛盾中得到进一步发展和完善。否则，其科学性和时代性就会成为无法延续的历史。况且，思政教育理论的目的和任务，是要大学生掌握马克思主义的立场、观点和方法，去面向现实，着眼于未来社会发展的需要，解决现实中的各种问题。如果以僵化、教条的态度，拘泥于马克思主义经典作家在特定历史条件下、针对具体情况作出的某些个别论断和具体行动纲领，就会因为思想认识脱离实际而未达成此目的。因此，思政教育理论必须充分体现对马克思主义的坚持、发展和创新，弘扬马克思主义与时俱进的理论品质。

二、传授知识、培养能力和育德教育的内在统一

传授知识、培养能力、育德教育内在统一的特征，表明思政教育应结合知识的传授、能力的培养进行思政教育和道德品质教育。尽管我们一再强调思政教育理论是进行马克思主义理论和思政教育的主渠道，但这并不意味着思政教育只是育德教育，而无须传授知识和培养能力。恰恰相反，思政教育的育德功能，是在传授知识、培养能力的过程中和基础上逐步达到的。当然，思政教育所传授的不是一般的专业知识，培养的也不是一般的专业技能，而是马克思主义理论和思想道德方面的知识以及运用这些知识改造客观世界和主观世界的能力。这种知识和能力就是思政教育所要培养的思政素质和道德品质，这其中直接蕴含着思政教育的育德功能。当然，传授知识、培养能力是不能代替思政素质和道德品质培养的。即使传授马克思主义理论知识和培养运用马克思主义理论的能力，也不能完全代替思政素质和道德品质的培养。一个人的知识能力毕竟不同于其世界观、人生观和价值观，不能代表其理想、信念和信仰。如果只重知识传授和能力培养，使受教育者把马克思主义当作一般的知识、原理、概念来学习，而不是从思想意识上认同马克思主义，就不可能使其树立马克思主义的信念和信仰，更不可能使其在行动中坚持和发展马克思主义。思政教育之所以强调坚持传授知识、培养能力与育德教育相统一的原则，就是要防止这种单纯重知识传授和能力训练，而忽视思政素质和品德素质培养的片面倾向。

传授知识、培养能力、育德教育内在统一的特征是人的知识素质与能力素质以及思想品德素质之间相统一关系的体现。

一方面，知识素质和能力素质是辩证统一的关系。一般来讲，知识是人类实践经验的总结和智慧的结晶。能力则是使知识得以形成、发展、推广、应用的本领。一个人的知识素质表明了他对前人的科研成果和他人间

接经验认识的程度；而其能力素质则是指他本人掌握和运用知识，进而拓展和创新知识的水平。两者相比较而言，能力更为重要。没有能力，知识无法实现其价值；离开能力，知识就失去了生命力，无法进行新陈代谢；在缺乏能力的地方，知识只能被束之高阁，得不到应用和发展。但是，能力又是建立在知识基础之上的。缺乏知识基础的能力只是人的本能，或者只是原始的、低层次的、经验型的能力。能力越向高层次发展，越需要有深厚的知识底蕴。因而，能力素质的培养和不断提高，必须以知识的积累和不断更新为基础。只有不断地由知识向能力转化，才能加速素质发展过程中的质变和飞跃，因而，把传授知识与培养能力结合起来是符合科学规律的。

另一方面，知识素质、能力素质和思想品德素质是辩证统一的关系。尽管一个人知识素质和能力素质的高低与其思想品德素质的高低并非正比关系，但却具有直接的制约关系。一个人的知识水平、文化修养不仅直接制约其能力的发展，也直接影响其思想品德素质的提高，同时，其学习研究能力、语言表达能力、实践应用能力也都不同程度地影响其思想品德素质的提高。比如，对社会主义、共产主义信念的确立，对党的基本路线、方针政策的理解和贯彻，就需要建立在能学习理解和运用实践马克思主义理论的基础之上。反过来，一个人的思想品德素质也会直接制约其知识素质和能力素质的提高。人的思想品德素质包括思想道德观念和行为作风，主要是指一个人的思想觉悟、政治取向、道德水准、工作态度、敬业精神、事业心、责任感等具体内容，表征着一个人所具有的世界观和方法论。这对一个人的知识和能力的发展在方向上、观念上、方法上、速度上都具有控制、调节和制约作用。比如，在现实中，我们常常看到，那些自觉地以科学的世界观和方法论指导自己的学习和工作的人，那些主动地将马克思主义理论与对实际问题的解决相结合的人，那些正确领悟和认真贯彻党的路线、方针、政策的人，那些有理想、有信念、有敬业精神、有工作责任感、能吃苦耐劳、埋头实干的人，往往在知识素质和能力素质上比别人提高得快，取得的成就、作出的贡献比别人大。归根结底，思想品德素质、知识素质和能力素质之间的辩证统一关系就是人的思想道德素质和科学文化素质之间的辩证统一关系，是人的综合素质中不可或缺的两个方面。

传授知识、培养能力和育德教育内在统一的特征体现了教育改革发展的要求和方向，这就是，加强学生的素质教育，为社会主义现代化建设培养全面发展的人才。学校教育应以学生全面发展为根本目标，这是随着教育改革的深入发展，日益为人们所重视的教育理念。学生的全面发展包括学生在思想道德素质、科学文化素质、身体和心理等方面素质的全面提高，即学生综合素质的全面提高。正如前面所说，传授知识、培养能力和育德教育相统一的特征是有利于学生综合素质得到全面发展提高的。那么，这里需要进一步明确的是，思政理论课教师在教育教学中如何具体贯彻教育教学改革的精神，促进学生综合素质的全面提高。作为一名教师，传道、授业、解惑是其天职，这当然也是思政理论课教师的使命。思政理论课教师除肩负一般教师的职责外，更重要的是要向大学生传授好马克思主义之"道"，排除困扰和迷惑大学生的各种思想迷雾，提高他们拒斥各种错误思潮侵袭的能力。这要在传授马克思主义知识的基础上，培养学生实践马克思主义的能力，并把对学生的思想品德教育融入其中。虽然专业课教学中也要贯彻传授知识、培养能力与育德教育相统一的原则，但两者的侧重点是不一样的。毫无疑问，思政教育的侧重点和落脚点应在育德教育上。既要通过传授科学的理论知识以"育智"，更要立足于培养大学生思政素质，重在通过教育以"育德"和"育心"。

既然重点在育德，就需要注意如何言传身教、身先垂范、"正人先正己"的问题。教师的言谈举止、风度气质、思想意识、道德品质都会对学生产生潜移默化的影响，成为他们效仿的对象。一名优秀的教师，往往能以其高尚的精神境界、崇高的人格魅力，给学生以正向激励，成为学生的楷模。而一个品格低下的人是不配做"人类灵魂的工程师"的。思政理论课教师应无愧于"人类灵魂的工程师"的光荣称号。作为一名称职的思政理论课教师，必须严于律己，以身作则，不断地提高自身素质，尤其是思政素质、马克思主义理论水平和思想道德修养。只有自己首先学习马克思主义、信仰马克思主义、实践马克思主义，才可能引导学生学习、信仰和实践马克思主义。

三、教师主导作用、学生主动作用和社会教育的内在统一

教师主导作用、学生主动作用、社会教育相统一的特征，规定了思政教育处理内因与外因的关系、学校教育与外界环境关系应遵循的规则，就是围绕思政教育的目标要求，充分调动多方面积极性所要遵循的规则。这就是思政教育要在教师的主导作用之下，充分调动学生的主观能动性，使其主动地而不是被动地接受思政理论课教育；同时，思政教育还要善于利用社会力量，使学校教育与社会教育相结合，共同完成育人任务。从这一特征的内涵来看，包括教师的主导作用、学生主动作用和社会教育的作用这三个动力因素的相互作用及其教师与学生、学校与社会的辩证关系。

一方面，教师的主导作用和学生的主动作用是辩证统一的。所谓主导作用，包含有主持、指导、导向等作用的意思。与其他教学一样，教师作为教育者，在思政教育整个过程中起着主导的作用，其主导作用主要表现为以下三点。其一，教师是思政教育的主持者、组织者和责任人。负责其主讲课程的全部教育教学活动的总体规划设计，同时也要做好其中每一次活动的具体组织安排，包括教育教学活动的目的、内容、方法及具体步骤等，都应由教师负责确定。其二，教师是思政教育坚持正确方向的主导者。负责保证思政教育坚持党性原则，坚持以科学的理论武装人，坚持以正确的思想指导教学内容和方法的改革创新，及时纠正教育教学中可能出现的种种思想偏差。其三，教师是思政教育对象的引导者和引路人。引导大学生以正确的态度、科学的方法掌握思政理论课内容、按照思政理论教育教学的目的要求，使学生通过自己的努力，成为社会所需要的德才兼备的现代人才。

学生的主动作用是指学生在思政教育中充分发挥自己的主观能动性和本身所特有的学习活力、创造能力，在教师的引导和帮助下，积极主动地

参加教育教学活动，进行创造性学习，以正确的世界观、人生观、价值观指导自己的行动。

教师的主导作用和学生的主动作用之间是内因与外因的关系。教师的主导作用对学生虽然非常重要，但毕竟只是推动学生成长的外部力量，实际上能起到什么样的作用，以及作用的大小如何，最终取决于学生本人主动作用发挥的程度。但是，学生的主动作用是否能充分发挥出来以及向何处发挥，各个学生的作用能否相互协调配合等，又取决于教师是否具有正确的主导意识和科学的主导方法。因此，思政理论课教师树立正确的主导意识，掌握科学的主导方法是非常重要的。值得注意的是，不应把教师的主导作用演变成唯有教师正确、教师"一言堂"、教师统管一切、包办一切；教师也不能因为要发挥自身的主导作用而忽视学生的积极主动性，从而限制其个性特征。恰恰相反，只有广泛听取学生意见，集思广益，充分调动学生的积极主动性，发挥其不同特长和个性特点，才能使思政教育活动开展得生动活泼、丰富多彩，从而使教师的主导作用取得最佳效果。

另一方面，社会教育和思政教育是辩证统一的。思政教育作为学校德育的主渠道与社会教育是密不可分的。两者既是系统与环境的关系，也是内因与外因的关系。社会教育相对于学校教育，是一种更广义的教育，是除学校教育以外的其他所有教育的统称，其中主要指各级社会组织、各种社会团体、社会传播媒体、社会舆论和习俗、社会文化环境以及家庭教育对人的教育影响和熏陶作用。随着社会现代化和开放程度的提高，社会向信息化、网络化方向发展速度的加快，社会教育对人的教育影响作用与学校教育相比，有明显的强化和扩大趋势。同时，由于社会教育在内容、形式和设施手段上的丰富多彩，使之具有极强的辐射和渗透作用。因此，学校教育应充分发掘和利用社会教育资源，增强教育力量，提高教育效能。思政教育经常开展的社会调查、参观访问、教学实习、志愿服务等"走出去""请进来"的系列活动，就是利用社会资源，增强教育活力和效果的有效方法。但是，社会教育的影响作用，有自发与自觉、有组织与无组织、正面与负面、显性与隐性的区别，相对于学校教育而言，其中大量的是无组织、无意识、隐性的教育，而这种性质的教育容易产生负面影响，这就要求学校教育，特别是思政教育在结合社会教育的同时，充分发挥其积极作用，自觉克服社会教育中的消极影响，达到学校教育与社会教育的协调统一和互相补充。就社会教育方面而言，各个社会组织和社会成员增强教育意识和责任感，提高自身素质和自我教育能力，注重社会效益和社会形象，这对于消除社会教育中的负面影响，尤其是利用社会教育自身的力量克服社会教育中的消极因素甚为重要。比如，大众传媒为了引导人们认识市场竞争与传统美德的关系，针对在社会上有一定影响的具体事例开展群众性的讨论活动，这对全社会都具有很好的教育意义。思政教育如果结合教学内容，引导学生参与这种讨论，撰写相关论文，就能使这种积极的社会教育向学校延伸。总之，使大学生具有高尚的精神、崇高的理想和坚定的信念，成为"四有"人才，不仅是学校教育和思政教育理论的根本目的，也是社会教育的首要任务。只有两方面的作用统一起来，两方面的积极性都发挥出来，才能实现这一关系到国家前途的百年大计。

四、整体性与局部性、普遍性与特殊性、连续性与阶段性教学的内在统一

整体性教学与局部性教学、普遍性教学与特殊性教学和连续性教学与阶段性教学内在统一的特征，具体指的是思政教育是面向全体、分类教学与继续教育的教育教学。

面向全体，要求思政理论课是对我国各级各类高等院校的全体大学生开课，进行普遍的马克思主义理论和思想道德教育。既然是各级各类各个专业的大学生都要求学习的必修课，思政教育理论就要根据全体大学生的共性提出带有一般性和普遍性的教学目的和教学要求，而不能变成专业课性质的教学。分类教学，要求思政教育要针对不同的专业、不同的年级、不同的学历、不同的类别大学生的特点，实施不同的教学计划，在教学内容和学时上提出不同的要求，并采取不同的教学形式和方法。例如，专科

生、本科生、在职进修生，文科专业、理科专业和工科专业等，都有不同的课程设置和教学要求。"分类教学"还要求思政教育理论既层次分明、循序渐进，又要注意阶段间的衔接和连续发展。

面向全体和分类教学相统一，是符合对立统一规律，符合德育的全民性和针对性要求的。加强马克思主义理论和思想道德法律修养方面的学习，是提高一个人文明素质的重要方面。我国古代尚且有"自天子以至于庶人，壹是皆以修身为本"的要求，更何况在物质文明和精神文明高度发达的今天，文化层次普遍较高的大学生更应该将马克思主义理论和思想道德法律修养作为普遍性要求。但是在普遍性要求具体落实的过程中，又必须具体问题具体分析，特殊矛盾特殊处理，具有针对性，不能不分层次、不分阶段，采取"齐步走""一刀切"的策略。强调针对性教育是贯彻实事求是思想路线的表现。教育的针对性与全民性也是相互联系的统一体，没有针对性教育，就不能实现全民性教育；没有全民性教育为基础，针对性教育也收不到实效。总之，无论是普遍性与特殊性的统一，还是教育的全民性与针对性的统一，都说明了面向全体和分类教学相结合的必要性与合理性。而把两者与继续教育相结合，则是从更为广义的角度，扩展了普遍性与特殊性的统一、共性与个性的统一原理在思政教育中的重要意义。

继续教育，是指对已经从学校毕业的学生、成人和在职人员的教育。随着社会的发展和科学文化知识的更新，人们所受教育的要求不断提高。人们只有不断接受教育，才能适应社会发展和自身发展的需要。因而，继续教育便有了越来越重要的价值和地位。正是为了适应和满足这种需求，才形成了目前继续教育的多种形式、不同层次的可观的规模。但是，社会发展不仅要求人们在文化知识上的更新，也需要人们在思想道德观念上的更新，要在世界观、人生观、价值观上不断应对新的冲突和挑战，作出新的判断和抉择，因此，继续教育既要进行科学文化教育，也要进行思想道德法律教育，还要开设马克思主义理论教育课程。这说明在继续教育中实施思政教育与"面向全体"的要求是一致的。但是，由于继续教育的特殊性质以及它所包含的多种形式和不同层次，又需要在思政教育的内容和形式上作特殊要求，这与分类的要求是一致的。这就是思政教育理论实行面向全体、分类教学与继续教育相结合原则的科学依据。

第三节　思政教育方法创新

一、将现代信息技术方法引入大学生思政教育

随着现代信息技术的高速发展，思政教育信息技术方法的综合性发展是当代思政综合教育方法发展的又一形态，也是一种势不可当的必然趋势。

（一）利用"电教化"的教学方式进行大学生思政教育

"电教化"是指以计算机、音响、投影仪等电教设备为手段进行思政教育的新形势。过去，由于经济条件和技术条件的限制，市场上的电教设备既少又贵，同时用来购置电教设备的经费也不多，随着内外环境的改善，电教设备开始迅速走进大学校园，而且大有加速普及之势。在这种形势和条件下，思政教育面临着如何有效地实施教育电教化的问题。"电教化"的好处是不言而喻的，它相当于给施教者安装了"左膀右臂"，使人机完美结合，达到最佳的视听效果。因此，利用好"电教"，一定会大幅度提高思政教育的感染力和吸引力，取得更好的教育效果。

目前，许多学校都设立了电化教室，以期通过思政教育"电教化"来切实提高思政教育的实效性。电化教师定期向学生开放，并购置了大量优质的教育碟片，及时向学生公布播放讯息，吸引学生观摩学习。例如，举办大型室内校园文化活动时，可以利用影像设备在活动准备期间拍摄有关校园文化活动的短片，然后在活动中间播放，这一措施提高了活动的现代

感与现实感，为活动增添了现代化元素；人文素质教育专题讲座、形势政策教育讲座、专题辅导报告等，越来越习惯于使用图文并茂、多媒体综合运用的"电子课件"；"党、团、学"组织生活会开始前，往往先播放一段相关的背景视频，而中心发言也是使用制作好的幻灯片来进行，使生活会在形式上更加丰富生动。总之，通过将"电教化"引入思政教育过程中，一方面很好地继承了传统的教育方式，另一方面促进了教育的便捷化、丰富化、生动化。

（二）实现大学生思政教育的"网络化"发展

随着互联网的高速发展，大学生思政教育的"网络化"成为必然趋势，评价当代大学生现代化程度的一个重要参考标准就是其校园网建设的力度。部分学校大学生思政教育已经开始全面实施"网络化"，如在线生涯辅导，对学生从人生态度、生活情趣、职业规划、理想信念等方面进行正确的引导，使其能够正视成长中的烦恼，鼓起生活的勇气，尊重生命，乐观进取，努力学习；在线职业心理辅导，在保护学生的个人隐私方面具有独特的优势，不仅可以舒缓学生的心理压力、排解学生的心理困惑、提高学生的心理调适能力，而且在心理危机干预方面发挥极其重要的作用；由教师充当"版主"或"坛主"的社区、论坛、聊天室，成为学生进行思想交流、休息放松的"精神家园"；校园BBS成为校园学生舆情的汇集地，在这里，问题的提出与问题的解决，思想的交锋与思想的引导不间断地进行着；网络信箱的开设，可以将学生的意见、建议直接反映到校领导和相关部门负责人处，缩短了信息沟通的渠道，大大地提高了信息沟通的效率。

思政教育的"网络化"正在以其"身份的隐蔽性""表达的自由性""传播的迅捷性"等特点逐步成为大学生思政教育的主要渠道之一。

二、显性方法与隐性方法的有机互补

所谓大学生思政教育显性方法和隐性方法有机互补，是指大学生思政教育工作者在教育实践活动中，根据教育目标、教育对象、教育环境等因素的具体情况而综合运用显性方法与隐性方法，力求达到最佳效果的一种思政教育综合方法。其包括各种显性的理论教育方法、实践教育方法与家庭、学校、社会因素潜隐方式的结合。但由于每一种显性方法和隐性方法都有其固有的功能和适用范围，因此，在实际运用中，应当把二者有机结合起来，使显性方法的鲜明导向、直接影响、快速反应与隐性方法的浸润、弥散、自我教育等功能相结合，最大限度地发挥思政综合教育方法的功能和作用，有力地促进思政教育方法的创新。

三、以主体间性理论为核心的同构式大学生思政教育方法

所谓主体间性，是指主体与主体之间的相关性、统一性和调节性。主体间性以个人主体性为基础，如果人不成为主体，不具有主体性，人与人之间就不会有主体间性。而"同构"在抽象代数中是指在数学对象之间定义的一类映射，能揭示出这些对象的属性或操作之间存在的关系。

发展以主体间性理论为核心的大学生思政教育同构式方法就是要根据教育"以人为本"的根本要求，突出受教育者的主体地位，寻找教育者与受教育者之间的共同属性或者对应关系作为思政教育的切入点。

第一，要围绕国际化人才培养目标，立足大学生自身发展的主观需求，实现思政教育社会目标与大学生个性发展目标的一致。一方面，要在思政教育的课堂中增加国际理解教育和跨文化教育内容，加强大学生对世界的全面理解，引导学生理性面对文化选择；另一方面，要通过进一步优化大学生社区模式和思政教育基地模式，帮助大学生开启观察跨文化的视窗，拓展吸纳跨文化的渠道，搭建体验跨文化的平台，使跨文化的理念、实质和具体表现经过大学生这一跨文化交往主体的亲身实践而最终化教育为素质。

第二，要打破传统的主客体教育方式，建立双主体教育协商模式。具体来说，就是要加强教育的师生互动，引导学生以主体的身份通过"角色进入→体验→选择"参与教育过程；要研究大学生的思想"兴奋点"和语言环境特点，及时更新教育者的"语料库"和"思维系统"，使我们的表

达方式和交际方式符合大学生的期望和习惯，实现思政教育的政治话语、学术话语和教学话语与社会生活话语的对接。

第三，要加强思政教育的"技术含量"，通过在主题网站、信息平台和辅导员主页的建设中注入学生喜闻乐见的时尚科技元素，牢牢把握教育的网络话语权，同时鼓励学生创设个人主页、班级主页等自我教育平台，实现由他律到自律的转变。

四、以协同理论为借鉴的协同式大学生思政教育方法

协同理论认为，形成系统之间、系统各要素之间相互作用、相互协调关系，有助于形成子系统之间时间、空间、结构、功能上有序。大学生思政教育方法创新是一项复杂的系统工程，也需要各要素之间的协调与合作：只有系统各要素态势平衡，才可能实现"质变"。

第一，要进一步推动思政教育学及相关学科的发展，增强大学生思政学教育方法系统的兼容性。要适当打破原有方法系统的封闭性和平衡性，在摒弃、完善或改革传统教育方法的过程中，不断结合当代大学生的新特点研究和引入一些新兴教育方法，通过不同方法间的渗透、弥合和嬗变，创造大学生思政教育方法系统与外界进行信息交换、资源共享的有利条件。

第二，要加强政府、学校、家庭和社会教育资源的协同，实现思政教育从"孤军奋战"向"协同整合"的转变。在我国，思政教育的"5+2＝0"效应时有发生，即学校对学生 5 天的正面教育被社会对学生 2 天的"负面影响"抵消了。在西方国家，思政教育从来就不是一个部门的事情，而是由全社会共同承担的"伟大事业"。针对我国目前大学生思政教育"孤军奋战"的格局，学校教育必须在苦练内功的基础上获得外力支援，尽早形成一个全民参与的大学生思政教育网络。学校教育是主导，家庭教育是依托，社会教育是主线，政府政策是保障。

一方面，在学校教育中，我们要树立"大学工"的工作理念，将社会学家、心理学家、教育学家充分吸纳到思政教育工作的队伍中，通过提供

更专业的心理咨询和就业服务解决大学生的实际问题，提高思政教育的针对性和适用性。

另一方面，要突出家庭教育的基础性地位和社会教育的熏陶作用，在把家庭作为大学生接受思政教育的第一课堂的同时，充分运用文学艺术、先进典型、大众传媒、改革开放和现代化建设的巨大成就、重要节日纪念日、爱国主义及社会实践教育基地、祖国大好壮丽河山等资源，丰富思政教育的载体。另外，西方国家还有大量从事思政教育的社会团体和公共机构，我国政府也应该通过政策引导、财政拨款和奖励机制扶持这类团体和机构，鼓励社会各界参与到思政教育工作中，形成政府"掌舵"，学校、家庭和社会"划桨"的育人格局，将我国的大学生思政教育在国际化背景下推向"全面协同"的新境界。

第二章

现代思政教育现状分析

随着全球化和市场经济的发展，我国社会发生飞速的变化，市场经济发展不断完善，与国际接轨的程度越来越高。大学生群体在我国经济发展过程中，不断地接受着新鲜事物与文化，而传统的思政理论教育发展则相对缓慢，这使他们对思政理论教育的兴趣下降。高校出于对其他能够获得利益或成效明显的工作的追求，使得思政理论教育工作的地位下降，阻碍了思政理论教育工作的发展。

第一节　思政教育总体现状

一、思政理论教育的重要性认识不足

大学生是十分宝贵的人才资源，民族的希望、祖国的未来。但作为"主渠道、主阵地、主课堂"的大学生思政理论教育仍然存在一些认识上的偏差。目前新媒体背景下，思政理论教育工作对此关注不够，研究不足，尚缺乏有效的引导。

（一）没有实现思政理论教育在高校工作中的主体地位

立德树人是教育的根本任务，是培养什么人、怎样培养人的根本问题。要培养德、智、体、美全面发展的社会主义建设者和接班人，就必须把德育放在首位，立德树人，使我们培养的人才既有高度的道德素养，又有建设社会主义的真实本领。

高校的思政理论教育工作可以用"说起来重要，干起来次要，忙起来不要"来概括。"说起来重要""德育为先"是党和政府一直强调的，它经常出现在各种文件中，高校也确实通过文件的形式进行学习。但是在实际工作中却不能学以致用。"干起来次要"，由于高校教学质量的考查还是通过数字化的成绩考核，所以当专业课程与思政课程相遇时，思政课程做

出了让步和妥协，思政理论教育"理所当然"地让位于专业课程，由于高校发展传统的问题，高校思政理论教育一直处于次要位置。在实际的思政理论教育过程中，思政理论教育工作者一直延续传统的工作思路和工作方法，许多活动即使开展了，也仅仅流于形式，使思政活动名不副实。"忙起来不要"，高校思政理论教育工作由于传统上缺乏重视，所以当高校所有活动交织在一起时，思政理论教育不得不做出让步。

（二）大学生对思政理论教育的重要性认识存在偏差

据调查显示，学生对政治理论课很感兴趣、一般、不感兴趣、反感的比例分别为17.2%、56.14%、17.43%、9.26%；认为学习思政理论很受教育与启发、有一些收获、没有收获的比例分别为20.12%、61.51%、18.37%，这表明大学生对于高校思政理论教育存在"边缘化"认识。

具体到高校生活中，对于高校的思政理论教育，一些学生认为虽然有意义，很重要，但远远比不上学习成绩，甚至参加学校活动的重要性，似乎离他们的现实要求尚远；随着网络的普及，还有学生受到网络功利化倾向的影响，认为思政理论教育是没必要的。

二、思政理论教育的管理与制度建设落后

学校管理是学校管理者通过一定的机构和制度采用不定期的手段和措施，带领和引导师生员工，充分利用校内外的资源和条件，整体优化学校教育工作，有效实现学校工作目标的组织活动。学校管理作为与思政理论教育相辅相成的一种教育手段，是大学生思政理论教育的重要途径。如果缺乏切合实际的、合理的管理制度，那么，大学生思政理论教育就会变得羸弱无力。

现阶段，高校对学生进行思政理论教育管理的部门设置比较简单，主要依托学生处、团委来完成。相比人员众多的专业教育人员，思政理论教育管理者人员十分匮乏，所以在处理一系列学生问题时就显得"捉襟见肘"。在这种情况下，高校思政理论教育者只能将本应该非常有人性化的学生工作当成机械的"消防工作"，将自己的角色定位为"消防员"，整个教育过程就变成了单纯的"救火"和维稳，很难做到思政理论教育的人性化和个性化，很难做到从学生实际情况出发，将思政理论教育做得更有实效性。

另外，高校思政理论教育也需要良性的制度来规范。现阶段，高校还没能根据自己的实际情况和学生的特点进行教育规范，能做的就是生搬硬套政府部门的制度规范，缺乏相关的配套制度规范。即使有相关的制度，但是具体规定方面做得并不到位。其一，高校在制定相关规章制度时，并没有充分地考量大学生的实际情况，缺乏与大学生的沟通；其二，规章制度的相关规定并不是基于学生的未来全面发展而考虑，而是基于更好地方便管理者的管理而制定，制度的内容更多的手段是处罚，显得过于机械和单调；其三，高校在制定规章制度的过程中机械地照搬国家在相关方面的规定，自主性很差，没能做到"因校制宜"；第四，高校缺乏突发事件的早期预警机制，缺乏学生思政突发事件完备的应急预案。总之，正是因为制度和管理的缺位，最终没有真正形成提高学生思政理论教育的合力。

目前，大学生思政理论教育工作的体制机制不完善，尤其对如何更大程度地依靠法律、制度、政策来保障学生思政理论教育工作，还显得比较薄弱。一些高校在深化改革中普遍将思政理论教育工作的管理降格或弱化。据福建省的一份调查，目前全省高校思政理论与院（系）同等独立设置的只有厦门大学、集美大学、福建医科大学、莆田学院四所，其他均被撤并降格到院（系）二级机构建制，有的甚至没有建制。思政理论教师占专任教师比例不到5%，却承担着10%以上的教学任务。

三、思政理论教育缺乏对大学生的人文关怀

思政理论教育工作注重人文关怀，既要坚持教育人、引导人、鼓舞人、鞭策人，又要做到尊重人、理解人、关心人、帮助人。教育人、引导人、鼓舞人、鞭策人，是思政理论教育工作注重人文关怀的任务与目标。尊重人、理解人、关心人、帮助人，是思政理论教育工作注重人文关怀的基本要求和原则。尊重人，就是要尊重人的基本权利和尊严，人的个性和

爱好，人的劳动、知识、文化和创造。理解人，就是要理解人的本质和社会属性。关心人和帮助人直接体现了解决思想问题和解决实际问题的统一。关心人，要关心人的利益，要关注民生，关心群众疾苦，切实解决人民群众在学习、工作、生活、教育、医疗等方面遇到的各种实际困难和问题。关心人、帮助人，要特别注意关心、帮助底层民众及贫困人口。在高校要注意关心帮助贫困学生，切实解决他们的困难，为他们提供基本的生活、学习条件；还要关注并促进高校毕业生的就业工作。尊重人和理解人是做好思政理论教育工作的基础，关心人和帮助人是做好思政理论教育工作的关键。

近年来，我国个别高校尤其是一些民办私立学校庸俗化现象比较严重，充斥着功利主义、实用主义等不良现象，这种局面的形成对高校思政理论教育工作产生了不小的冲击，同时也玷污了高校的文化氛围和学术氛围。目前，高校思政理论教育主要通过开设课程的形式展开，在课堂讲授过程中，普遍存在唯"书本论"的说法，整个教学过程缺乏科学精神和人文精神。其至为了应对考核，将思政理论教育的理论条例化，这样的确是政治鲜明，层次清楚，重点突出，方便记忆，但是普遍表现为学术水准低，人文精神不足，人文关怀不够。从一定意义上来讲，高校思政理论教育也应该具有人文教育课的内容和属性。只有这样，高校思政理论教育才能与人文课程相结合，产生"1+1＞2"的整体效应，这样更利于高校思政理论教育的展开。

其实，我国古代早就有"以人为本，本治则国固，本乱则国危"的思想，这其中蕴含着浓重的人文关怀。因此，高校在进行思政理论教育过程中一定要注意三个结合：一是将高校的人文情怀的内容与思政理论教育内容相结合；二是将思政理论教育工作者的人文情怀与大学生的个性化相结合；三是要在注重人文关怀的同时，坚持科学精神，要将人文精神与科学精神相结合。应该以进行思政理论教育为桥梁，努力将高校建设成为科学的渊薮，人文的殿堂。

四、思政理论教育存在简单化、机械化的不足

高校大学生思政理论教育工作中受教者主体地位的缺失使人文关怀失去了施教的根基，受教者自我需要的缺失使思政理论教育工作失去了人文关怀的回应机制，受教者亲临接触的缺失使思政理论教育工作失去了人文关怀的场景支撑。大学生思政理论教育工作中的人文关怀是高校落实科学发展观以人为本的体现，是发挥思政理论教育立德树人功能的必然，是大学教育更加开放与多元的要求。为此，彰显大学生思政理论教育工作中的人文关怀，要注意塑造学生独立的人格，满足学生不同层次的需要，把人文关怀贯穿于大学教育全过程，不断增强思政理论教育工作中人文关怀的实效性。

在高校思政理论教育过程中，由于缺乏人文关怀，取而代之的是机械的、简单的教育方式，思政理论教育的实效性并不令人满意。这就使由于教育不当造成的高校思政理论教育的"后天不足"的问题比较严重，致使部分学生的理想信念、道德素质、思想观念、法治信念、心理健康等方面存在不同程度的问题。要想促进大学生思政理论教育改善，高校首先要做的就是"推陈出新"，不失时机地进行思政理论教育模式的改革，坚持以人为本，注重人文情怀，关心大学生的个体成长，尊重大学生的主体性发展和个性发展。

"世界上最浩瀚的是海洋，比海洋更浩瀚的是天空，比天空更浩瀚的是人的心灵。"高校思政理论教育工作关乎民族兴旺发达，关乎青年一代理想信念，关乎社会繁荣稳定。在新媒体技术不断进步和迅速普及的当今社会，作为人类心灵工程师的高校教育工作者，更是责无旁贷，当以国家兴旺发达为己任，以大学生的身心健康成长为己任，扬长避短，再接再厉，积极奉献，使美好的心灵绽放出绚丽多彩的理想之花。

第二节 思政教育课堂现状

一、当前思政理论教育教学存在的问题

（一）学生主体存在的问题

1. 对思政理论教育缺乏积极性

思政理论在学生方面存在的最明显的问题就是学生的学习积极性不够高。一部分学生，在教师不点名的情况下，上课出勤率很低。即使按时到教室上课，也很少做笔记或认真听课，大多时候不是看其他书，就是趴在桌子上睡觉，或是跟别人聊天、玩手机，课堂秩序差。针对思政教育中采取的各方面的创新形式和内容，部分学生表现出漠不关心的态度。

2. 对思政理论教育的内容缺乏认同

随着社会主义市场经济体制的建立，以及西方一些所谓的"自由""人权"思想的影响，一部分学生对马克思主义理论的基本内容产生了不认同感。他们或是受实用主义的影响，认为思政理论只是一种空洞的口号、理论，或是结合社会中看到的一些表面现象以及社会中出现的问题，对思政理论的教学内容产生了不认同感。而这种不认同感在思政教育的创新中表现为对创新的漠不关心和对各种新的教学方法和途径的不配合。

3. 部分大学生易受到周围不良环境的影响

根据调查显示，一部分学生对思政理论课起初非常感兴趣，能按时到教室上课，上课时认真听讲，积极回答问题，课后也能按要求完成作业。但随着时间的推移，学生往往会产生厌学情绪，课上看其他书籍或漫不经心，缺席、旷课、迟到早退情况也比较多。大多时候都是教师在唱"独角戏"，学生对思政理论课的兴趣无法坚持到底。

(二) 教师主体存在的问题

1. 教师在思政理论课的理论教学中存在舍本逐末的现象

"本"即指思政理论课的主要内容,也可以是思政理论课所采用的教科书。"末"是指教科书中没有而又必不可少的内容。在思政理论课的教学创新过程中,教师往往增加一些教材中没有的东西来调动学生的积极性。这种教学方法无可非议,也有利于扩大学生的知识面,培养学生对某些问题的洞察力。但是过于侧重"末",而逐渐忽视"本",或是任由"本"被"末"掩盖,便不可取。这违背了思政理论课的教学目的。"舍本逐末"在大学生思政理论课的教学创新中,还表现为思政理论课教师单纯追求教学形式的创新,而忽视了教学内容的整理与优化,以至于思政理论课教学创新达不到预定目标。

2. 教师在思政课的理论教学中忽视学生的配合

思政理论课的教学是需要师生互动完成的。虽然近年开始注重采用互动式教学,发挥学生在课堂上的积极作用,但是我们发现,思政理论课的课堂教学还是属于教师的"独角戏"。很多时候教师在讲台上讲得无比投入,学生在下面无动于衷,没有丝毫反应。另外,有些教师对师生互动的理解局限于"提出问题—回答问题",单纯地提出问题让学生回答,并不考虑学生的知识基础和关注焦点,最终陷于自导自演的境地,即平时所谓的"冷场"。另外,自导自演也表现为思政理论课教师只追求形式,而忽视了学生在教学过程中及时反馈和表现出来的问题。

3. 教师在思政理论教育中存在重言传轻身教的现象

人们常说"言传身教",可见,"言传"与"身教"是教学理念中不可或缺的两部分内容。但是,在很多情况下,人们往往重视"言传"而忽视"身教"。在思政理论课中,人们认为教师只需要口头宣传党的理论、方针和政策。其实,教师的"身教",以道德楷模的方式来对学生进行引导,比口头宣传更有说服力,也更容易让学生接受。有的思政理论课教师甚至自己都不相信马克思主义理论,又怎能达到教育学生的目的?

4. 思想教育工作者存在忽视科研工作的现象

有的领导和部门认为思政理论教学改革的文章和专著算不上学术成果，因而在评奖、发表和考核等方面都存在一些问题，甚至出现了写好文章却找不到刊物来发表的情况。有的教师认为思政理论课的开设是国家行为，教师是在贯彻国家的意志，因此按照有关文件和教材讲即可，无须搞科研。实际上，教好思政理论课是很不容易的事情，对思政理论课教学的基本内容和精神实质的阐述，必须在研究的层面上讲解，才能说服学生，打动学生。因此，没有科研做支撑，教学就难以达到较高的水平、层次和质量。同时，要做好思政理论课教学，并不是靠照本宣科的空洞说教就可以取得实效的。

（三）思政理论课课堂教学方式存在的问题

1. 教学方法简单

在传统的思政理论课课堂上，教师单纯地借助口头语言进行"填鸭式"教学。现代思政理论课课堂，虽然采用了多媒体课件等现代的教学方式，但内容方面只是把教材上的文字放到课件中，课件制作质量不高，难以全方位激发学生的兴趣。同时现有的思政理论课课堂忽视了实践教学的运用，缺乏说服力。

2. 教学内容重复陈旧

思政理论课教学的许多内容在中学课本上就能找到，而且高中时期很多都讲过。因此，学生听到大学老师念经般的授课，自然会形成"吃嚼过的馍倍感无味"的淡漠心理，甚至产生厌烦情绪。同时，思政理论教育教育的内容虽然具有普遍的指导意义，但是面对当前的社会和经济发展形势已经不能满足教学的需求，如果继续使用旧内容进行课程安排，其能够起到的作用可想而知。总结起来，目前思政理论教育的内容老旧主要体现在：

第一，缺乏理论课教育应用，缺乏新视角、新手法，不能充分发挥思政理论教育的主渠道作用。

第二，当今的社会较之前已经发生了很大的变化，而思政理论教育教育的内容却没有及时更新，一些新的原理和观点没有及时被吸收进来。

第三，新兴学科、交叉学科以及边缘学科的相关知识与思政理论教育联系甚为紧密，但是当前的思政理论课教育中却没有对这些知识进行充分利用。

3. 理论教学与实践教学割裂

大学生思政理论课包括思政理论教育课堂教育部分与实践教学部分。高校在进行大学生思政理论教育教育的过程中要充分结合实践教学的优点，提高大学生思政理论教育的效果。

第一，理论教学。从理论教学的开展状况来看，思政理论教育课在我国所有高校中开设，其覆盖面积和执行状况都处于比较理想的状态。只有加强理论教育，以课堂教育为基础才能不断开发和尝试大学生思政理论教育的其他教学方式。

第二，实践教学。实践教学是巩固课堂理论教育的重要途径，也是对课堂理论知识的延伸和深化。如果学校在教育中不重视实践教学，那么大学生思政理论教育只能停留在理论阶段，并不能体现出思政理论教育的作用。从目前我国大学生开展社会实践的状况来看，多数高校没有有效地执行，也没有形成一套具有针对性的实践教学体系，实践教育的状况不容乐观。

二、当前思政理论课教学面临的挑战

（一）来自国际环境变化的挑战

经济全球化的发展使不同国家和地区之间的联系日益紧密，彼此之间的互补与合作，使彼此间的依赖程度越来越高，世界经济日渐成为一个整体。但是，由于政治立场、经济制度等因素的差异，国家之间的矛盾冲突并没有随着一体化的趋势而消除，世界政治呈现出多极化发展的趋势。

经济全球化、政治多极化是当今国际经济与经济的基本形式，也代表着未来一段时间内，世界经济与政治的发展走向。在这一基本趋势的影响下，各国文化既相互融合又相互碰撞，不同国家和地区之间的思想交流空前繁荣。

随着改革开放的进行,我国开启了国际化进程,并逐渐与世界经济、文化和政治生活接轨。随着我国对外交流的日益频繁,西方国家的各种文化思想开始传入我国,在带来先进文化与认识的同时,实用主义、拜金主义、享乐主义等消极思想观念也进入我国,并对一部分人产生了影响。对于当代大学生来说,由于他们价值观念还不成熟,容易受到这些不良思想的侵蚀,从而加剧了一部分大学生的堕落,因此,在复杂国际与国内环境中,高校必须加强对大学生的思政理论教育,帮助他们树立正确的价值观和人生观,提高他们对不良思想的防御能力,促进大学生的健康发展。

(二) 来自国内环境变化的挑战

就国内环境而言,随着改革开放的推进,中国社会经济发展迅猛,社会主义市场经济日趋成熟,经济主体向多元化发展,经济利益、社会生活方式、社会组织形式、就业形式呈现多样化趋势。然而,我国仍处于社会主义初级阶段,生产力总体水平还不高,结构性矛盾仍然存在,收入分配不公的趋势尚未根本扭转。各种社会的不良现象给大学生的内心世界和思想观念带来了强烈的冲击,对思政理论课建设产生了不可忽视的负面影响。

在学习之余,大学生可以阅读一些思政理论教育的相关书籍来不断促进自身的发展。在当今国际和国内环境中,大学生要努力学习思政理论教育,提高自身的思政水平,为自己的长远发展打下坚实的基础。

第三节　高校思政教育创新的必要性

一、环境变化给大学生思政理论教育带来新机遇

随着经济全球化的持续深入，社会主义市场经济体制的建立和完善、信息化对社会影响日益深远、社会转型的加速、全面建成小康社会步伐的加快以及高等教育大众化的实现，已经给我国大学生思政状况带来广泛而深刻的影响，大学生的思想状况发生了很大变化。这客观上迫切要求进行大学生思政理论教育创新，以使我国大学生思政理论教育工作能够紧跟时代发展的步伐，实现大学生思政理论教育的与时俱进。

当今世界，随着信息化及经济全球化的发展，各国综合国力的竞争日益激烈，综合国力竞争的内容是全方位、多方面的，主要表现在政治、经济、科技、军事、文化、人才等方面，世界各国的竞争，究其根本是人才的竞争。必须从科教兴国的战略高度，把大学生培育成为全面建成小康社会所需要的德才兼备的人才，以确保我国在经济全球化竞争中占据有利地位，最终实现中华民族的伟大复兴。大学生思政理论教育在人才的培养中占据重要地位。知识经济和信息技术的发展必然更加凸显社会道德及人的情感等精神因素构建的重要性。在人力资源开发过程中，我们要处理好科学文化素质和思想道德素质两者的关系。大学生国际视野的培养、健全人格的养成、崇高理想的树立等，都需要思政理论教育的引导。

改革开放多年来，中国国际地位显著提升，中国在全球政治、经济、文化领域逐步担起世界大国的国际责任。中国特色社会主义事业取得的辉煌成就激发了中国人民社会主义的建设热情和爱国主义情怀。人民生活水平的显著提升，社会的和谐发展，经济运行的良性发展为大学生思

政理论教育工作的开展奠定了坚实的国际基础，并提供了良好的政治大环境。

以网络技术为核心的现代信息技术的迅速普及，不仅推动了全球化，而且为大学生思政理论教育提供了新的载体。网络作为大众媒介，与传统的报纸、广播、电视相比，呈现出许多特点和优势，主要有以下五个表现。

一是传播方式的交互性。在网络上，传播者和受众可以通过各种软件和方式及时沟通，使信息的反馈得以实现，从而在全新的意义上加速了受众对信息传播过程的参与。

二是信息传播的高效性。在现代信息化条件下，信息能随时更新，甚至实时传播。

三是传播空间全球化。目前，网络已经延伸到了全球200多个国家和地区，在任何角落进入网络，瞬间就可以传遍整个世界。网络使家庭与学校对学生的思想教育连为一体。通过网络，家长可随时与学校保持联系，做到家校结合，共同做好学生的思政理论教育。

四是传播手段多媒体化。网络作为一种新兴传播方式，同时具备文字、图像、视频、音频等人类现有的一切传播手段。网络可以发挥多媒体技术手段的优势，使传播效果最优化。

五是开辟了大学生思政理论教育的新阵地。越来越多的大学生利用网络来了解国内外、校内外发生的事件，网络已成为大学生思政理论教育的新阵地。

经济全球化、社会信息化的发展使大学生思政理论教育的时空得到了拓展，客观上要求我们具备一种宏大、开放的国际视野，来重新审视大学生思政理论教育的理论和实践。经济全球化唤醒了他们的国际意识、竞争意识和进取意识。随着经济全球化的发展，西方国家的一些势力既想从中国获利，以便长期保持自己的经济优势，又想阻碍中国上升为世界强国的步伐，这些现象都强烈地影响着大学生的思想，这也为新时期加强对大学生的国际意识教育和爱国主义教育提供了很好的契机。

大学生思政理论教育时空视域的世界性拓展，不仅拓展了大学生的国际视野，而且为我们充分利用这种新境遇做好大学生思政理论教育提供了新的思维方式和理念。在新形势下，大学生思政理论教育必须以宽阔的国际视野汲取人类文明的一切优秀成果和先进经验，在世界视野中推进大学生思政理论教育的改革与发展。

全球化中信息技术的发展使思政理论教育者获得了更加便利地调用各种教育资源的条件，大学生面临一个开放的信息世界，他们可以在丰富多彩的信息世界尽情地漫游。思政理论教育者还可以在网络上互动，更为准确地把握教育对象的心理状态、思想动向等。教育者对这些资源的掌握与开发越多，大学生思政理论教育就越有针对性，越富有成效。

在新形势下，大学生思政理论教育要求具有开放性和国际性，其被赋予了更多的时代内容。与此同时，关注人的社会生存环境、生活质量以及人类的尊严、道德完善和全面发展问题，尊重人类的共同规范，保护生态环境，维护世界和平，促进人类发展，也是大学生思政理论教育需要解决的新课题。在社会信息化条件下，培养大学生的信息素养、信息意识和信息观念，成为当前社会信息化条件下大学生思政理论教育的新内容。在文化多样化的条件下，要进一步加强和改进以马克思主义为指导的主流文化教育，而且要在大学生的通识教育中，将中华民族传统文化和世界其他国家和民族文化结合起来。在社会主义市场经济条件下，要将市场意识、竞争意识、效率意识、平等意识、民主意识、规则意识等适应市场经济发展的观念和素质纳入大学生思政理论教育的内容体系中，增强其时代感和现实性。

二、高校思政理论教育创新的必要性

（一）是适应国际与国内环境变化的必然要求

随着以知识化、信息化、产业化、网络化为特征的全球化步伐的迅速加快，经济一体化、文化多元化和生活多样化直接冲击着我国大学生思政理论教育的创新工作，大学生思政理论教育的环境、任务、内容、渠道和对象都发生了深刻变化。从我国高校的实际状况来看,随着招生规模的不断扩大,以及后勤社会化的稳步推进与发展、学分制改革的逐步深化、就业方式的逐渐转变,学生面对复杂的社会环境和激烈的竞争压力,在政治信念、思想信仰、价值追求、心理素质等方面出现了明显的不适应状况,这给大学生思政理论教育提出了严峻的挑战和更高的要求。为了适应这种变化,必须了解新情况,研究新问题,把握新特点,正确认识全面推进大学生思政理论教育创新的重要性,做到与时俱进,积极探求大学生思政理论教育创新的路径,不断地提高大学生思政理论教育创新工作的针对性、实效性和主动性。

(二) 是解决大学生深层次思想问题的必然要求

社会的发展,时代的变迁,教育的变革,使一些与我国国情、高校育人目标不相容的东西进入校园,给校园带来了不良影响。一些大学生淡忘了国家意识,消解了民族身份,逐渐失去对传统的认同感。一些大学生对重要的政治理论问题一知半解,对马克思主义理论认识模糊甚至不知。一些大学生世界观、人生观、价值观存在误区与偏差,对当前社会问题缺乏全面系统深入客观的理解和认识,对中国特色社会主义道路、共产主义信念缺乏信心,思想颓废,态度消极,对前程感到迷茫。因此,推进大学生思政理论教育的创新已成为解决大学生深层次思想问题的必然要求。

(三) 是加强大学生思想道德建设的必然要求

中国特色社会主义事业需要靠现在的大学生去继承,中华民族的美好未来需要靠今天的大学生去创造。大学生的思想素质如何,直接决定中华民族的未来发展方向和前途命运。培养大学生,不仅要大力提高他们的科学文化素质和体能健康素质,还要大力提高他们的思想道德素质。高校作为社会主义思政理论教育创新的主阵地,要坚持以德育人,采取正确的措施,坚持从增强大学生的爱国情感做起,从帮助大学生确立远大志向做起,从规范大学生行为习惯做起,从提高大学生基本素质做起,努力把大学生培养成为社会主义事业的合格建设者和可靠接班人。

大学生是祖国的未来，是民族的希望，高校大学生的素质直接关系到中国特色社会主义事业建设。高校要加强和改进大学生思政理论教育的创新工作，不断提高大学生的思政素质，确保科教兴国和人才强国战略的顺利实施，为实现中华民族伟大复兴奠定坚实的基础。

第三章

思政理论教育课程结构体系

第一节　思政理论课程教学内涵

在我国,"课程"一词始见于唐宋年间,孔颖达曰:"以教护课程,必君子见之,乃得以法制也",指的是课业及其进程,含有学习的范围和进度的意思。朱熹说的"宽著期限,紧著课程"具有相同的涵义。在西方,英文 curriculum 来自拉丁文里的"跑马道"(cursum race course),原意为学习者的学习路线。

一、国际教育界对"课程"的看法

实际上,"课程"一词,是一个用得最普遍但却定义最差的术语,在学校教育漫长的发展史上,起初,课程的含义并未曾引起大的争议,也未引起人们注意。人们总是在约定俗成的意义上理解和解释课程,将其视为学校教育中所开设的学科门类及其内容安排的计划。直到 20 世纪以后,受进步主义教育思想的影响,特别是杜威的经验主义课程论影响,不仅使课程一贯的客观化的、知识性的内涵与逻辑被打破,也促使学者们重新界定和解释这一术语。于是,20 世纪以后,课程成为教育探究领域里争议最大、分歧最多的术语之一。

奥利瓦对五花八门的课程定义进行了归纳,并列举了 13 种较具代表性的定义:

①课程是在学校中所传授的东西。
②课程是一系列的学科。
③课程是教材内容。
④课程是学习计划。

⑤课程是科目顺序。

⑥课程是一系列的行为目标。

⑦课程是一系列的材料。

⑧课程是学习过程。

⑨课程是在学校中所进行的各种活动。

⑩课程是在学校指导下,在校内外所传授的内容。

⑪课程是学校全体职工所设计的任何事情。

⑫课程是学习者在学校所经历的经验。

⑬课程是个体学习者在学校教育中所获得的一系列经验。

W. H. 舒伯特在《课程学》中归纳了对课程概念的 8 种不同看法,前 7 种如下❶:

①课程就是教育内容或教材,即可教的学科或科目。这是对课程概念的最传统理解。

②课程是所设计的一种活动计划。这种概念强调给学生设计综合活动,把那些可以事先设计的活动范围与顺序、教材的讲解与对比、动机形成的方法、教学技术以及其他有关事情统统混在一起,J. G. 塞勒、W. M. 亚历山大和 A. J. 刘易斯把课程当作一种计划予以提倡。

③课程是预期的学习结果。也就是说,课程是按照一定的教育计划进行的达到预先规定的学习结果。

④课程是文化的再生产。持这种观点的学者认为,在任何社会或任何文化条件下,课程都应当是那种文化的反映。其理由是,学校教育工作是为年轻一代进行最有用的知识与价值的再生产;教育专业工作者的工作在于把知识、技能和欣赏力变成课程,提供给儿童和青年。

⑤课程是经验。杜威不赞成把课程视为一种活动或预先决定的结果,而主张把课程看作手段——结果的连续统一体。他认为,教育手段和结果是单一的经验过程中不可分割的部分,充分注意人的经验并力求不断地预

---

❶ 廖哲勋. 课程新论 [M]. 北京:教育科学出版社,2003.

先设计和调控人的积极的（能带来好处的）思想和行为所取得的结果，这是一种不断发展的课程，教师是个体发展的促进者，课程则是体验师生对话的含意和方向的过程。

⑥课程是具体的课业。这种观点认为，课程是学生必须掌握的一整套课业，以引导学生达到预先规定的结果，这种课程概念常用于商业、工业和军事计划。

⑦课程是进行社会改造的议事日程。这种社会改造主义课程观以 G. 康茨和 T. 布拉梅尔德为代表，认为课程应当提供能指导学生去改造社会、文化机构、信念及活动议程的知识和价值观。

利维主编的《国际课程百科全书》也对不同的课程定义进行了总结，列举了 9 种较具代表性的解释❶：

①课程是学校为了训练团体中儿童和青年思维及行动方式而组织的一系列活动的经验。

②课程是在学校指导下学习者所获得的所有经验。

③课程是为了使学生取得毕业资格、获取证书及进入职业领域，学校应提供给学生教学内容及特定材料的总体计划。

④课程是一种方法论探究，具体探究由教师、学生、学科及环境所构成的课程要素。

⑤课程是学校的生活和计划，一种有指导的生活事业。

⑥课程是一种学习计划。

⑦课程是在学校指导下，为了使学习者在个人的、社会的能力方面获得不断的、有意识的发展，通过对知识和经验的系统改造而形成的有计划和有指导的学习经验及预期的学习结果。

⑧课程基本上包括五大领域的学习，即母语、数学、科学、历史、外国语。

⑨课程是关于人类经验的范围不断发展的、可能的思维方式——它不

---

❶ 廖哲勋. 课程新论［M］. 北京：教育科学出版社，2003.

是结论,而是结论产生的方式,以及那些所谓真理的结论和被证实的背景。

当然,关于课程的定义远不止这些。据鲁尔统计,课程这一术语至少有119种定义。

二、国内教育界对"课程"的看法

国内教育界对课程也没有形成一致的看法,主要有以下7种见解:

① "学科"说。这种观点认为,课程是"教学的科目,既可以指一个教学科目,也可以指学校的或一个专业的全部教学科目,或指一组教学科目""课程有广义和狭义之分,广义指为了初评学校培养目标而规定的所有学科(即教学科目)的总和,或指学生在教师指导下各种活动的总和。如中学课程、小学课程等。狭义指某一门学科,如数学课程、历史课程等"。

② "教学内容"说。这种观点认为,课程就是"课业及其进程""课程是教学内容和进程的总和"。

③ "总和"说。这种观点认为,"课程可以理解为为了实现各级学校的教育目标而规定的教学科目及其目的、内容、范围、分量和进程的总和"。

④ "教育内容"说。这种观点认为,课程是"为实现学校教育目标而选择的教育内容的总和"。

⑤ "经验"说。此观点采用了美国学者的一种课程概念,认为课程是"在学校当局指导下,学习者所经历的全部经验"。

⑥ "计划"说。这种观点认为,课程是"指导学生获得全部教育性经验(含种族经验和个体经验)的计划"。"课程是在一定学校的培养目标指引下,由具体的育人目标、学习内容及学习活动方式组成的,具有多层组织结构和育人计划性能、育人信息载体性能的,用以指导学校教育、教学活动的育人方案,是学校教育活动的一个组成部分。"❶

---

❶ 廖哲勋. 课程新论 [M]. 北京:教育科学出版社,2003.

⑦教育社会学学者把课程看成学校或者教师选择社会文化的过程，并强调社会对于课程知识选择、传递、评价的作用。例如，吴康宁的"课程是社会的'法定文化'或'法定知识'"。这是大陆教育社会学界具有代表性的课程概念。吴永军则认为，"课程是社会机构提供给学校师生借以互动的法定知识"。

无论中外各派教育理论家对课程的理解和研究有多么大的差异，有一点应当说是肯定的，那就是对课程的研究本身，就其实质而言，是对教学内容的合理与否、科学与否的界定和研究。因此，在我国教育学中通常认为，课程就是有计划的系统的教学内容，是一系列教学科目的集合。具体来讲，就是指"教学计划""教学大纲"和教科书所规定和表述的那些教学内容。这种对课程含义的理解有两个突出的特点：

第一，强调通过正规的课堂教学向学生传授书本知识，进行有计划有步骤的知识和技能方面的训练，同时表明教学过程必须加强理论与实际、直接经验与间接经验的紧密联系。

第二，鲜明地指出了教学内容的选择要服从国家的教育总目的，服从"教学计划"所规定的各项具体的教育教学目标。

虽然这些观点都是基本正确的，但是它并没有完整准确地表明课程的含义。也就是说，它没有完整科学地回答课程发展和研究中提出的下列问题：

第一，课程所应包括的内容应当是什么？也就是说，除了课堂教学内容外，学生的课外学习内容，乃至于自学内容应不应当包括在课程内容之中？狭义的课程能否完成和实现教育教学目标？随着教育的发展，广义的课程内含究竟是什么？

第二，课程能不能仅仅着眼于书本知识而忽视对学生的各种实践活动的统一安排和研究，特别是在知识更新速度急骤加快的今天，如何认识知识教学和素质培育二者之间的关系，由此，应怎样选择教学内容和教育内容、课程内容的选择和安排？要不要提高和培养学生理论联系实际，分析问题、解决问题的能力？

第三，课程编排的顺序应当在时间上和逻辑上与教学过程，即教的过程和学的过程相统一，为教学过程提供一个全面的科学的蓝图。依据这一点，课程绝不能只考虑符合知识系统的逻辑，而且要考虑适应学生认识发展和成长需求的逻辑。课程的有效性不仅取决于教什么，更重要的取决于是否符合学生成长的客观需求，因为，学生的兴趣、情感和意志对于教学过程往往起着决定性作用。如果忽视了这一点，或只是从教学方法和教学艺术上强调这一点，而不是从教学内容上解决和满足这一点，其结果，不仅教学方法不能充分发挥其应有的作用，而且会从根本上把教学引上歧途。

第四，解决课程问题，必须从课程的大系统、大结构上着眼，实现课程整体综合效应，从而提高学生全面发展的水平。因此，研究和把握课程的含义，必须关注各学科教学内容之间的内在联系；必须提高所选科目的灵活度；必须解决交叉学科和跨学科的问题；必须加强综合学科的建设，从而获取综合教学效应。

第五，研究课程的含义，应当把课程的稳定性与发展性，确定性与不可确定性统一起来考查。教育教学不仅随着知识的发展而发展，更重要的是随着社会需求的发展变化而发展变化。因此，制定课程标准也好，编制相应稳定的教科书也罢，都应留有灵活补充的余地。就课堂正规教学内容而言，也不应说得过死，课程本身应是开放的、发展的，而非封闭的、静止的和固定的。

第六，课程应当明确地体现教育教学目标，不仅要体现总目标和学科目标，还要体现教学目标体系。

总之，研究和把握课程的内涵，必须结合教学的过程论、目的论、原则论、主体论和方法论来研究，使课程内涵不仅具有完整性和准确性，而且具有科学性和时代感。

三、思政理论教育的课程

依据上述观点，笔者认为，思政理论教育的课程，就是理论教学、自我学习和实践活动的内容纲要和目标体系，是教师和学生各种学习活动的总体规划及其过程。从思政理论教育课程所涉及的范围看，有广义和狭义之分。广义课程是指为了实现培养目标而规定的所有学科即教学科目的总和；狭义的课程是指某一门学科。思政理论教育课程既是理论教学环节和实践教学环节的统一，又是显性课程和隐性课程的统一，还是必修课程和选修课程的统一，等等。而思政理论教育课程体系，正是从教育教学目的出发，将各门课程进行不同的排列组合的教育教学系统。

正确理解思政理论教育课程必须注意以下几点：

首先，思政理论教育的课程就是对教育教学的目标、内容、方式、进程、方法和衡量标准的规划和设计。这表明，课程为教育教学不仅提供内容，而且提供科学依据。从这种意义上说，思政理论教育就是按照课程所提出的计划，由教师指导学生从事各种学习活动，是实现课程所规定的各项教学目标的过程。

依据课程开展教学活动是教学的一个基本原则。在教学活动中要贯彻这一原则，不仅要把握课程的各种规定，而且要结合教学实际，运用各种教学环节有效地实现这些规定。但必须明确，依据并不等于照抄照搬，也不等于僵化的执行。因此，依据课程规定开展教学活动，要处理好以下三个关系：

一是处理好统一要求与多样化的关系。课程的统一要求是通过课程所体现的党和国家的教育方针和具体的课程标准来实现的，但课程和教学的内容应当在统一要求的指导下，依据本地、本校乃至学生的个性差异而有所不同，应当体现多样化，应当从学生的实际情况出发。对同样的课程和教学内容也应当有不同的处理，对统一要求的实现也应有多种形式。

二是处理好显性课程与隐性课程的关系。显性课程就是在课程中明确陈述的学校的正规教育教学的内容和目标；而隐性课程则指那些难以预期的，伴随着正规教育教学内容而随机出现的，对学生产生潜移默化教育影响的内容，如校风、教师的人格、学校环境、学校管理等。在依据课程教学时，教师往往接触的是本学科具体的显性课程的教学大纲（教学要点）、教学计划和教科书。对于隐性课程往往处在模糊状态或不自觉的状态，对于隐性课程对显性课程的教育教学影响，对其积极的补充和促进作用往往认知不足，因而导致隐性课程与显性课程的目标背道而驰。比如，在思政理论课教育教学中，假如教师总是进行不切实际的说教，缺乏对社会和学生思想实际的紧密联系，回避学生所关心的现实问题，又不开展多种形式的教学活动和社会实践活动，那么，不仅使思政理论课显性课程的教学目标不能有效地实现，而且使学生产生"逆反心理"，失去对学习应有的兴趣和内在驱动力，因此，要依据课程开展教学活动，必须处理好显性课程与隐性课程的关系。

三是处理好教学大纲与教科书的关系。教学大纲是教师教学工作的指南，也是编写教科书，测量和评估学科教学质量的基本标准。教学大纲从整体上规定本学科的性质及其在学校课程体系中的地位、教学目的和任务、内容范围以及选择内容的主要依据、编排学科内容的顺序等。除此之外，教学大纲还应安排教学时数、教学活动和课外活动，作业量、测验和考试要求，提出运用教学方法、教学手段和教学参考书的建议和指导等。

教科书是根据课程方案和教学大纲的要求，通过一定的信息载体所选择的教学内容。教科书随着现代教学技术的发展，其载体可以是印刷品，也可以是幻灯片、电影片、录像带、录音带、教学软件等，但最基本的形式是指学生用的课本。

依据课程开展教学活动，处理好教学大纲与教科书的关系，必须明确，教学大纲是具有法规性的教学依据，而教科书是教学要素之一，主要功能是作为学生的学习工具。教师在教学活动中要依据教学大纲的要求，从学生学习的实际出发，丰富和完善教科书、提高教育教学的实效性。教师在驾驭和使用教科书时，要善于吸收新知识、新观念，更新教学内容，并利用可能的条件，通过多媒体来丰富教学内容，使教学内容更加生动、更加形象。只有丰富和完善教科书，才能更有效地实现教学大纲的各项规定，有效地实现教育教学目标。

其次，课程不仅是教学的依据，同时也是重要的教学要素之一。课程作为教学要素，不仅体现教学内容，而且对教学过程有十分重要的影响。

在教学过程中优化和配置各教学要素，是使教师有最佳的教学效果，使学生有最大的学习动力的先决条件。把课程这一教学要素同其他要素合理、有效地配置起来，一般要研究解决以下四个问题：

一是树立科学的课程观。科学的课程观不仅建立在对课程含义的认识和理解的基础上，而且必须建立在科学的教育观念上。比如，如何认识必修课与选修课的关系；如何认识显性课程和隐性课程的关系；怎样促进教学内容的更新；怎样依据课程的要求处理好知识、智能和非认知因素的关系，思想教育与知识传授的关系；教学内容的选择是从教师教的需要出发，来处理教学内容，还是从学生成长的客观需要出发，用学生的成长点和成长规律来处理教学内容；等等。以上一系列关系到课程的问题，归根到底是一个教育观念的问题，同时更集中地表现在课程观上。因此，要把课程要素同其他教学要素进行有效的优化配置，必须树立科学的课程观。

二是课程与学生的统一。教什么、教到什么程度、怎样教、怎样教得最有效，说到底，它取决于学什么、学到什么程度、怎样学、怎样学得最有效。这些内容和过程的确定，就是我们所说的课程的实质内容。因此，要把课程这一教学要素与其他教学要素优化配置，关键的环节是课程与学生这两个要素的优化配置问题。这就是说，检验课程的优劣以什么为标准？只能以学生的学习效果为标准。判断一个课程的优劣，要看它是否能最大限度地开发学生的内在成长和全面发展的动力和潜力；是否能调动学生的学习积极性，使学生主动学习；是否使学生最有效地学会做人、学会求知、学会生存、学会做事。无论从课程客观结构的选择与设计，还是从课程的分析选择与设计，都必须着眼于学生的发展规律。

三是发挥和实现课程的作用和价值的主导因素是教师。如何发挥课程的作用，实现课程的教育教学价值，是优化课程这一教学要素的中心课题。毫无疑问，解决这一课题的主导因素应当是教师。一个再优秀的课程，如果没有高素质的教师相配备，也是毫无意义的，其良好的设计和规定的一切内容都将落空或被扭曲。当然，课程的优劣也影响教师的教育教学素质的展示和提高。

四是教学手段的现代化是优化课程的主要发展趋势。纵观古今中外的课程发展史，课程是随着人类的文明发展和进步而发展的。课程是从人类认识和实践成就的遗产中为培养新一代而精选出来的，因而，它会同人类的认识和实践一样受人类文明发展水平的制约。在它内容的深刻性、丰富性、系统性上，特别是在实现形式上，都反映着一定的历史时期人类对自然界和人类社会本身的认识水平；反映着人类的经济活动、政治活动、科学技术发展水平的状况。这些状况不仅制约着教学内容，而且制约着教育思想、观念、教学形式和手段。在科学技术高度发达的今天，电子技术、信息传播技术正在促使课程的实现形式发生革命性的变革和飞跃。优化课程的环节，教学手段现代化的趋势不可逆转。通过教学形式和教学手段的现代化，教学各要素在发生前所未有的革命性发展的同时，优化配置方式也凸显出许多新的特征。研究这些新特征，正是当今各国研究课程建设和发展的切入点，也是丰富和发展课程内容的出发点。课程正是在这种发展过程中不断得到优化和完善的。

第二节　思政教育课程的结构特征

作为我国高等学校思政理论教育主渠道的思政理论课程，是高等学校课程体系的重要组成部分。它属于高校课程体系中的公共基础课程、核心课程、主干课程，是大学生的必修课程。

课程体系是由课程结构所组成的。所谓课程结构，是指按一定标准选择和组织的课程内容所具有的各种内部关系。就学科课程结构而言，包括各年级的纵向结构和横向结构。思政理论课程的纵向结构和横向结构有十分鲜明的、学科自身的特征。

一、思政理论课程的纵向结构特征

思政理论课程的纵向结构特征是由德育养成性、政治思想教育性、理性升华性、素质渐进性四个特征构成的。

第一，德育养成性。中国特色的社会主义道德教育是思政理论课教育教学的重要内容。思政理论课显性课程，其主体选择了思想道德修养、法律基础、马克思主义哲学原理、马克思主义政治经济学原理、毛泽东思想、邓小平理论和"三个代表"重要思想、科学发展观、习近平新时代中国特色社会主义思想的理论知识内容，把德育渗透于这些知识结构和能力结构的培养中，从而构成了思政理论课特有的德育养成性课程结构特征。

道德养成的基础是心理素质，健康的心理素质是形成健康道德习性的基本前提。在此基础上，明确道德的行为规范性特征，把德育与法治教育结合起来，使道德养成建立在守法、爱法、护法的社会行为规范中，使大学生形成适应法治社会的道德品质。在对道德有了心理体验和行为规范能力的基础上，通过马克思主义基本理论的学习，再到世界观、价值观、人生观的较高层面上进行道德养成教育，最后使社会主义道德教育与社会主义政治思想教育有机统一起来，形成思政理论课德育养成的逻辑终点。

显然，思政理论课的道德教育把道德行为的养成与学生的心理素质、法治观念、社会发展观念、社会行为规范，世界观、价值观、人生观的形成统一起来。这个教育过程不仅是道德观念的逐渐深化和提高的过程，更显现了道德行为的养成过程。

第二，政治思想教育性。思政理论课程结构的这一特征，体现了思政理论课程的本质属性，也是设立这一课程的根本目的。政治思想是关于社会政治制度、政治生活、国家以及各阶级的政治地位的观念和理论的总和。广义的政治思想包括法治思想。无产阶级的政治思想是社会主义经济制度和劳动人民根本利益的集中反映，它是人类有史以来最科学的政治思想，其理论基础是马克思主义理论。

思政理论课的政治思想教育，是以马克思列宁主义、毛泽东思想、邓小平理论和"三个代表"重要思想、科学发展观、习近平新时代中国特色社会主义思想为理论基础进行的中国特色社会主义的政治思想教育。思政理论课的政治思想教育与德育是统一的，二者统一于爱国主义、集体主义和社会主义教育过程中，是通过培育爱祖国、爱人民、爱社会主义、爱中国共产党的政治情感、政治信念和政治理想来实现的。因此，由大学一年级到四年级的思政理论课程都贯穿和渗透着政治思想教育内容。

第三，理性升华性。对于学科课程结构，从教育美学的角度来考查，教育的完美形态集中地表现为能使人的理性处于不断的升华状态。而思政理论课是用人文科学理念美化学生的情感，使他们有美的心灵和人生目标。无论是马克思主义理论教育，还是思想道德和法律教育，都是为大学生确立科学的世界观、人生观、价值观服务，从其认识性质看，都是对人生的一种理性升华。理性的升华不仅包括把感性认识上升为理性认识，更重要的是使理论知识向实践飞跃，使对知识的学习转化为智能的开发和拓展，学会运用科学理论指导自身的实践活动，提高自身认识世界和改造世界的素质。特别应当指出的是，思政理论课教育教学内容中不可缺少的是培养大学生的发现能力和创造能力，对他们进行发现思维和创造思维的训练。这种思维能力是现代人必备的思维品质，是现代社会对人类思维的一个突出要求。

思政理论课的理性升华性特征还表现在，在理性的普遍联系的教育网络中进行道德教育和政治思想教育。也就是说，在进行道德教育和政治思想教育过程中，既需要综合性的科学知识的教育，也需要结合人性、人道、人权观念的教育，还需要把道德教育和政治思想教育纳入人类文明中。思政理论课教育教学是培养全面发展的人，而非只懂得阶级和阶级斗争的片面的政治人，政治思想的理性深植于现实生活中，特别是大学生的生活和成长需求中。因此，在强调课程和教学内容的选择与体现国家意志的同时，必须特别强调结合大学生的生活和需要。研究课程必须研究什么样的内容和教学过程更能使大学生愿意接受；更能激发他们的学习兴趣和热情，更适合他们的健康成长。这就要研究大学生理性观念和理性思维的成长点和原有基础。离开了这一客观实际，就必然从根本上导致教与学相脱节。值得指出的是，目前高校思政理论课程设计还缺乏科研基础，它不是研究如何把有关的理论知识转化为大学生喜闻乐见的学习知识，而是简单化地认为，无论多么抽象的知识和理论观点，只要列举一些材料来说明就可以直接写入教科书。毫无疑问，思政理论课教育教学的课程建设如果不着力解决这一问题，就难以取得实质性的发展和完善。

第四，素质渐进性。思政理论课程结构是根据素质教育的要求设置的，素质教育的目标锁定为培养高素质的德、智、体、美、劳全面发展的中国特色社会主义事业的建设者和接班人。这种素质教育呈现为素质形成的渐进性。它主要表现在三个方面：

一是以理想信念教育为核心，有序进行树立正确的世界观、人生观、价值观的马克思主义理论教育，逐步培育大学生的思想道德素质。

二是以爱国主义教育为重点，依次进行中华民族优良传统教育，中国革命、建设和改革开放的历史教育，基本国情和形势政策教育，科学发展观教育，确保大学生思想道德素质养成的稳定性。

三是以逐步深入的民主法制和基本道德规范的养成教育为要求，引导大学生从身边的事情做起，从具体的事情做起，树立社会主义法律和道德信念、养成良好的行为习惯，实现自身的全面、健康、协调发展。

在纵向思政理论课程的选择上，使上述三方面依据大学生的年龄特征和认知基础，既有不同阶段的侧重，又有相互渗透和统一，从而使素质教育呈现出渐进性的特征。

就具体的教学内容和教学过程而言，素质教育强调个人与社会的统一、主观与客观的统一、理论与实践的统一。既强调应当怎样想，又强调应当怎样做；既从理论知识上，明确做一个合格社会主义建设者应有的知识和观念，又从社会实践上，明确做一个合格社会主义建设者应有的行为规范。无论是教学内容顺序的安排与选择，还是教学过程的设计和规定，都呈现出大学生素质形成的渐进性，从而在每个年级的课程中都提出相应的教育目标，又使这些教育目标相互衔接，构成一个完整的素质教育过程。

二、思政理论课程的横向结构特征

思政理论课程的横向结构特征，是由该课程所特有的理论教学与实践教学、必修课与选修课、显性课程与隐性课程相互补充、相互作用而体现的。

第一，理论教学和实践教学的统一。运用实践教学来补充和完善理论教学是思政理论课程结构的重要环节。没有实践教学的思政理论课是乏味的，很容易造成满堂说教而使大学生失去兴趣，甚至厌学。

从教学理论上讲，无论是进行道德教育、政治思想教育，还是使大学生把理论知识转化为自身稳定的观念和素质，都必须使大学生得到实践训练和亲身体验。这里既包括情感和思维的体验感受，又包括对社会和现实的体验感受。这不仅体现了理论联系实际的学习方法，更重要的是有助于教学内容内化于大学生，因而是培养学生素质的关键途径和机制。正是在这种意义上，需要开展丰富多彩的实践活动以补充和完善理论教学，解放大学生的眼、耳、手、脚、脑。

让大学生走进社会，走进生活，走进现实。能讲善道固然是思政理论课教师的一个不可缺少的本领，但更重要的是要善于组织学生活动，在活动中善于发现问题和提出问题，结合教学内容引导大学生大胆地去思考、去探索、去体验，善于让他们充分表现个性和潜能，从而获取真正的教学效果。

第二，必修课和选修课的统一。只重视必修课，忽视选修课在课程结构中的地位和作用，目前在高校教育教学活动中仍然普遍存在。其原因有三：一是现存的必修课内容繁杂过多，学生和教师都感到不堪重负；二是应试教育的影响还根深蒂固，一时难以彻底改变；三是选修课的课程建设严重滞后。

从教育学意义上讲，教育的成功点在于个性优势教育，开发学生的个性优势。而要实现这一点，就必须在学习内容上赋予学生更大的自主权和选择权。针对思政理论课的现状，必修课应少而精，选修课要丰富多彩。

因材施教作为一个教育教学原则，恐怕没有哪一位教育工作者不知晓。但是在课程安排上几乎都是必修课、"大一统""一刀切"，大学生不仅缺乏选择学习内容的自主权，而且从多数学校的课程表上看，学生几乎没有选择的余地，因材施教原则在课程设置上还远没有得到体现。思政理论课必修课内容过重，选修课又过少，从而影响了思政理论课的教育教学效果。

第三，显性课程和隐性课程的统一。思政理论课的显性课程主要是由必修课、选修课和实践活动课等内容构成。思政理论课的隐性课程是指那些对大学生产生潜移默化影响的诸社会因素。从对思政理论课教育教学影响最显著的作用来分析，显性课程和隐性课程之间的相互作用具体表现在以下四点：

首先，社会环境和社会形势对大学生思想道德的感染作用直接影响思政理论课显性课程的教育教学效果。因此，思政理论课的理论教学必须与社会活动相结合。要充分利用社会环境和社会形势发展中的积极因素，正面引导学生和感染学生；结合时事政治教育，增强大学生辨别大是大非的能力，并充分利用社会的思政理论教育的资源来增强教育教学效果。

其次，建立良好的师生关系十分重要。思政理论课教师首先要以自己的人格魅力影响大学生，同时，应当关注其教学班级和学生社团建设，借助班集体活动和社团活动加强教育教学效果，这是发挥隐性课程作用的重要途径。

再次，家庭教育和社区教育对于思政理论课教育教学有十分重要的影响。因此，思政理论课教育教学不能忽视大学生的家庭影响和社区环境的影响。

最后，现代传播媒体、大学生的娱乐形式和欣赏能力，以及大学生的业余爱好、校园文化建设都直接影响思政理论课的教育教学效果，如组织健康的文体活动、读书活动对大学生能起到良好的作用。

当然，思政理论课显性课程的教育教学效果对上述隐性课程的影响也不能低估。在显性课程的教育教学活动中有效地实施素质教育，能使大学生更有能力接受隐性课程中的积极向上的教育内容。

总之，只有把思政理论课程的纵向结构与横向结构相结合，构成思政理论课的完整课程结构，才能有效地实施思政理论课的教育教学，提高大学生对思政理论课的学习兴趣，从而实现思政理论课的教育教学目标。

第三节　思政教育课程的结构层次

由于思政理论教育的课程是从培养高层次的中国特色社会主义事业建设者和接班人的目标出发，将各门课程进行排列组合的，它是一个有结构的、有层次的统一整体。

一、思政理论教育课程的基本结构

思政理论教育课程包括三个基本组成部分：一是马克思主义理论课；二是思想品德修养课；三是中国近现代史纲要课。这三个部分共同构成了思政理论教育的课程体系，可以说，这是思政理论教育课程的基本结构。

思政理论教育课程的三个基本组成部分之间既有区别，又有联系，缺一不可。

首先，思政理论教育课程的基本结构在理论层次方面有所不同。马克思主义理论课主要是对大学生进行系统的马克思主义基本理论的教育，理论性较强。如思想道德修养课是以科学的人生观、价值观、道德观教育为主线，对大学生进行以为人民服务为核心、以集体主义为原则的社会主义道德规范教育，帮助大学生养成高尚的情操和良好的品行；再如，法律基础课通过对大学生进行法的知识、法的基本原则和法的规范的教育，使大学生成为遵纪守法的社会主义建设者。

其次，思政理论教育课程的基本结构在体系完备性上有所不同。马克思主义理论课具有理论体系上的完整性，基本涵盖了马克思主义理论的主要内容。不仅包括马克思主义的基本原理，也包括它在中国的运用与发展。

思想道德修养和法律基础课侧重的不是理论体系的完备性，而是大学生的思想、生活实际。虽然它包括的三门课在理论上也有密切的联系，即分别涉及政治理论、法律理论和思想道德理论，但从总体来看，它不追求理论上的完备性，而注重对大学生进行必需的道德和法律教育。具体来说，为了帮助大学生了解和掌握社会现实而开设的"形势与政策"，需要追踪当前的国内外重要事件，而不是构建稳定的理论体系；为了帮助大学生树立法治观念而开设的"法律基础"，虽然知识性较强，但它的目的不是向学生传授系统的法律知识，而是培养大学生对法律的基本认识，形成正确的法治意识；为了加强大学生的品德修养而开设的"思想道德修养"，虽然有其理论体系，但它注重大学生所直接面对的思想道德方面的实际问题，而不是侧重于讲授系统的思想道德理论。

思政理论教育课程的基本结构之间虽有差异，但更有共同的性质，都是对大学生进行世界观、人生观和价值观的教育。正因为如此，它们才被统称为思政理论课，并作为一个整体来设计。也正是由于它们之间有差别，才能相互补充、相互配合。从人类认识的发展过程来看，一个正确的认识往往要经过感性认识到理性认识的深化，感性认识是基础，理性认识是升华。思想道德修养和法律基础课具有打基础的性质，它从不同的方面，比如对社会的认识和自我修养的角度，为大学生全面接受马克思主义理论的教育，树立科学的世界观和方法论做思想铺垫。这个层次，正是基础的层次，基本的层次。而在思想道德教育的基础上，理论教育非常重要，思想道德教育只有上升到理论教育的层次，才能使大学生的世界观、人生观和价值观有一个质的飞跃。因为大学生与中小学生不同，他们已经不满足于接受家庭和社会所给予的价值观念，而是力图对他们过去所接受的价值观念进行理论的思考和审视；不满足于一些实际性的经验性的养成教育，而是渴望从理论层面深刻地理解世界。因此，如果只有思想道德教育而没有理论教育，既不符合大学生的思想实际，也不符合人类认识的发展过程。

二、思政理论教育课程的基本层次

思政理论教育的课程体系是一个由不同层次的内容相结合而形成的科学的课程体系。考察这一课程体系的层次性不能仅仅停留于各个部分的层面，而要进一步考察其内部的层次关系。

顾海良先生曾对思政理论教育的课程体系作过层次分析：

第一个层面是以马克思主义基本原理教育为主题的课程设置，如"马克思主义哲学原理"和"马克思主义政治经济学原理"。这些课程着重于对马克思主义立场、观点和方法的学习和掌握，是对大学生进行科学的世界观教育的基础内容。

第二个层面是以马克思主义与中国实际相结合过程中，实现三次历史性飞跃形成的伟大理论成果为主题的课程设置。这些课程突出了马克思主义科学世界观的时代性和现实性，进一步说明了马克思主义是发展的科学的道理。

第三个层面是以运用马克思主义立场、观点和方法认识当代世界的经济与政治，以及树立正确的人生观和价值观教育为主题的课程设置，如"当代世界经济与政治""形势与政策""思想道德修养"和"法律基础"。这个层面的课程具有整体性，它们统一于对大学生进行马克思主义基本原理和爱国主义、集体主义、社会主义教育。

这种层次划分确立了结构分析的基本框架和方向。沿着这一基本的思路和框架，再作进一步引申和发挥，思政理论课程体系可分为四个层次：

一是"原理"的层次，即"马克思主义基本原理"，涵盖"马克思主义哲学原理"和"马克思主义政治经济学原理"。

二是"概论"的层次，即"中国特色社会主义理论"和"中国近现代史纲要"。

三是"形势"的层次，即"当代世界经济与政治"和"形势与政策"。

四是"修养"的层次，即"思想道德修养"和"法律基础"。在这四个层次中，第一个层次是马克思主义基本原理的层次。第二个层次是马克思主义在中国运用和发展的理论成果。第三个层次之所以概括为两个"形势"，是因为从"当代世界经济与政治"和"形势与政策"这两门课的内容来说，讲的都是形势。"当代世界经济与政治"主要是进行马克思主义关于当代世界经济政治的基本观点的教育，帮助学生认识当今时代特征和总体国际形势。"形势与政策"则主要帮助学生认识形势和任务以及党和国家的主要方针、政策。第四个层次之所以概括为两个"修养"，是因为它包括的两门课都是讲修养的，一个是思想道德修养，另一个是法律修养。"法律基础"的目的是使大学生形成法律意识和法律观念，自觉地遵纪守法和维护法律尊严。

三、思政理论教育的课程建设

思政理论教育的课程建设是一个复杂的系统工程。在这个问题上，必须明确以下几点：

一是思政理论教育的课程建设是基本建设。思政理论课教育教学的整个过程，主要围绕理论教学而展开，理论教学是实现培养目标的基本途径。课程设置和一系列教学环节是组成教学计划的主干部分，课程质量的高低在很大程度上决定了教学质量的高低，从而影响培养的质量。因此，课程建设不仅是提高教学质量的一项重要措施，也是教学工作中一项具有深远意义的基本建设。

二是思政理论教育课程建设的内容和目标。就其内容来说，主要包括六个方面：第一，课程教学的梯队建设；第二，课程教学内容和体系的改革；第三，课程教学设施的建设；第四，课程教学方法和手段的研究与装备；第五，课程教学的组织与管理；第六，教学环节的组织实施。这几个方面是互相联系、不可分割的。

就其目标来说，主要包括七个方面：第一，具有富有特色的教学大纲；第二，具有合适的教科书；第三，具有完整的教学资料；第四，具有科学的考核手段；第五，拥有结构合理的教学工作梯队；第六，具有一套合乎实际的教学方法；第七，拥有比较先进的能满足教学要求的教学手段和设施。

三是思政理论教育课程建设的实施。实施思政理论教育的课程建设，教师的努力是重要方面。但是，必须明确，这绝不只是思政理论课教师的事情。作为一个复杂的系统工程，它是整个学校的事情。首先，领导重视，要有专人负责；其次，建立和健全各种规章制度和精干的组织机构；再次，鉴于思政理论课的特殊地位，要制定必要的政策和给予必要的经费投入，做到保障有力；最后，开展各种教学活动和教学管理活动，有目的有计划地进行教学检查、评估和总结，包括教师和管理部门的自查，及时总结经验，找出差距，有步骤地推进课程建设和改革。

四是关键在于转变教育观念。思政理论课教育教学课程建设过程中贯穿着新旧教学思想的斗争。要想做好课程建设，必须转变观念，更新观念。这里需要注意两个方面：一方面，正确认识思政理论课教育教学课程建设在整个高校大学课程中的重要地位和作用，恰当处理思政理论课教育教学课程与其他课程在师资力量配备、硬件设施的投入、经费的分配比例、课时的安排等方面的关系；另一方面，明确课程建设的根本目的在于做好教育教学，做到教书育人，提高大学生的思政素质，必须明确思政理论课教育教学是素质教育、创新教育，一定要从应试教育的观念中解放出来；要帮助学生实现"要我学"向"我要学"的转化，自觉主动地培养和锻炼自己分析问题和解决问题的能力。总之，只有树立新的教学观念，才能把思政理论课教育教学课程建设好。

第四章

现代思政教育的时代性课题

在现代思政的情形下思政理论教育实践要坚持以弘扬"主旋律"为着力点，体现"主旋律"的主导性；在"主旋律"的统筹下，提倡多样化的思政理论教育实践。

第一节　经济全球化与思政教育实践性

一、经济全球化给思政理论教育实践带来的机遇与挑战

全球化这一概念最早是由美国经济学家提奥多尔·拉维特1985年在《市场全球化》一文中首次提出的，他试图用全球化这个术语来说明日益紧密联系的世界经济发展状况，随即在国际经济学、国际政治学和国际文化学中得到普遍使用。全球化是一个多维度的过程。全球化是以经济全球化为核心，但不能简单地等同于经济全球化，对利润最大化的无限追求构成了全球化的内在驱动力，并赋予全球化体系发展活力。全球化是一个充满矛盾的过程，是不平衡发展过程，是一个观念更新的过程。

经济全球化不仅给思政理论教育提出了许多新的课题，也冲击着传统思政理论教育的理念和模式。它本身对世界产生正面和负面双重效应，给我国思政理论教育实践带来了难得的机遇的同时也提出了新的挑战。

（一）经济全球化给我国思政理论教育实践带来的机遇

1. 为进一步挖掘人的潜能提供良好的发展机遇

经济全球化的发展积极推动和有效促进了各国不同民族之间文化的相互与交流与融合，提高了人们整体的文化品位。经济全球化过程中、经济、市场、技术与通信形势使人们能够越来越多地参与各个领域，各个层次的社会交往，充分发展自己各方面的能力和自由个性，进一步挖掘了人们的生活能力和思维能力。

在经济全球化时代，作为社会个体的人的发展运行到了一个崭新的平台之上，人们的知识，解决问题的创造力，新思想，各方面的潜能得到充分的发掘。人们的思想观念进一步更新，为思政理论教育铺垫崭新的思想基础。经济全球化过程中，必然拓宽人们视野，进一步解放人们思想，更新人们观念，人们的群体心理状态，各种行为习惯以及思维方式等在不同文化和思想的交流过程中，相互碰撞，发生了重大变化。首先，人们思维中的竞争意识正在逐步增强。在竞争充斥着整个社会的今天，人们必须通过主动参与竞争才能赢得较好的生存和发展机会，在竞争中不断地改善自我、完善自我的生存方式。其次，法治观念大大加强。在全球化过程中，要求我国的市场经济体制、市场运行机制及相关运行规则等要符合国际的一般惯例和通行准则，要求人们必须树立起较强的法治观念和宪政理念，使自身的各项活动均在法律框架内进行，得到法律的有效保护。最后，人们逐步树立全球化意识。经济全球化过程中，增强了各国之间的密切联系和交往，这就要求人们着眼世界，树立全球意识，学会从全球的宏观利益角度去思考问题，具有适应全球化发展所必备的思维方式和行为方式，具有国际视野和应对能力，积极参与国际交流与合作。

2. 为思政理论教育实践提供全新的开放的社会环境

从国际环境来看，全球化增强各国之间的相互依赖性，交流与协作已成为时代的需要，"和平与发展"是当今时代的主题。从国内环境看，我国自加入WTO后，我国政府加大了政策行为的透明度，不断推行法治建设，改善政府职能管理，我国在全球化过程中赢得了国际和平的发展环境，促进国内政府发展，从而为我国思政理论教育提供了良好的政治环境。

在参与国际事务和国际竞争中，我国社会主义事业达到了突飞猛进的发展速度，综合国力迅速增强，各个部门用于进行思政理论教育的专项资金投入随之大幅增加，工作条件也有了较大的提高和改善，用于思政理论教育工作上的技术设施范围也有很大的提高。由于全球化的开放性，各国之间信息的共享性，为思政理论教育提供了丰富的工作资源和信息，特别是国际交流合作的增加，更为学习和借鉴外国先进经验，开拓思政理论教育的视野提供了条件，特别是高新技术的迅猛发展和网络文化的进一步普及，更为我国的思政理论教育实践提供了物质条件支持，多角度拓展了思政理论教育的空间和渠道。

在经济全球化的大背景下，我国的思政理论教育实践既要体现出全球化精神，又要体现出中国特色。我们不仅可以继承我国几千年历史积淀下来的传统道德资源，还可以对建立在资本主义文明之上，有利于人类社会进步的西方思想道德观念加以筛选与吸收，尤其是要注重学习和借鉴国外关于思政理论教育模式中成功的道德教育方法与手段。从西方思政理论教育模式发展过程来看，多是在文化发展多元化、社会生活民主化的大背景下提出的，而这恰恰是在新的历史时期，我国思政理论教育实践所面临的一种新环境，因此西方思政理论教育模式对我们当前思政理论教育模式的完善与发展有重要的借鉴意义。

3. 促进了思政理论教育实践方式的多样化发展

经济全球化过程既是一个经济过程，同时也是一个政治过程。恩格斯曾指出"政治、法学、哲学、宗教、文学、艺术等的发展是以经济发展为基础的，但是，它们又都互相作用并对经济基础发生作用。并非只有经济状况才是原因，才是积极的，其余一切都不过是消极的结果。这是在归根结底总是得到实现的经济必然性的基础上的互相作用"。经济决定政治，政治是经济的集中表现。由于经济在社会结构中的基础地位，它的改变必然影响并反映在政治和文化领域。在过去的时代，变化比较缓慢，而且主要是局部的。今天，日益增加的信息和日益繁忙的推动向一个全球相互联系的信息社会转变，价值观念的变化正在加速，并向全世界扩展。正是在这一过程中，全球化在经济领域的扩张演变为意识形态和文化领域的争夺。德里克指出："全球化也具有意识形态性，因为它试图根据一种比任何东西都更有效地服务于一些利益的新的全球想象来重新建构世界。"因此，全球化必然会从经济领域逐渐扩展到政治领域、文化领域，从而形成政治和文化交叉渗透的全球化。

经济全球化引领了信息化、法治化及多样化，在这种社会背景下，经济主体和利益主体随之多元化，从而社会阶层、利益群体多样化，其思想观念也就多层次化、多元化，因此也就要求思政理论教育工作者因人而异，将各种学科知识、不同的思维方式及工作方法进行整合并合理运用，实现思政理论教育方式的进一步优化。经济全球化进程中，随着网络信息技术等现代高科技技术的迅猛发展，为人们现代生活提供了更为宽广的平台与空间，这也为我们进行思政理论教育工作实践提供了更新、更高效的媒介和手段。广播电视、报刊杂志、网络等高科技手段越来越多地被引入思政理论教育工作，使现代思政理论教育工作的科技含量大大提高。丰富的社会文化生活对人们的思想产生隐性影响作用，在开展思政理论教育工作中，不断探索和完善贴近群众现实生活，生动活泼、喜闻乐见的活动方式，增强其感染性、趣味性和渗透性，使得思政理论教育工作更具感染力、说服力和吸引力。

（二）经济全球化对我国思政理论教育实践提出新挑战

首先，世界性的生产全球化、贸易全球化以及金融全球化，在信息网络、相互开放与市场竞争的推动下，使现代经济的各种要素日益冲破民族国家的壁垒，在全球范围内自由流动，必然模糊传统的国家疆界。目前，全球化过程正在强势推进，人们传统的民族观念和国家意识因此面临着巨大挑战，在此负面作用影响下，难免会出现民族观念淡化、国家意识淡薄等民族认同危机现象，思政理论教育实践迫不得已地卷入世界性与民族性的矛盾交织中。在此情况下，思政理论教育如何有效地发挥引导功能，增强国民的民族认同，培育民族精神，培养既具有开放意识和国际眼光又有国家意识和爱国主义精神的新一代公民。

其次，经济全球化是伴随着全球多元文化之间矛盾碰撞而激荡推进的，民族文化在获得前所未有的交流与传播机会的同时，也遭遇到西方强势文化霸权的挤压，遭遇到不同性质、类型文化侵袭，诸如宗教文化、封建文化、庸俗文化、享乐文化等的渗透与影响。全球化为文化的扩张与渗透创造了客观条件，西方发达国家正是乘全球化浪潮之势，大量传播、输出其本国文化产品与精神理念，并以潜移默化的方式，向我国传播、渗透其生活方式与价值观念。全球化时代，西方发达国家的文化传播与输出无法避免，但由此形式的多元文化环境，对国家文化安全的冲击，对人民思想观念、价值取向的冲击，对社会主义意识形态教育乃至整个思政理论教育的冲击是巨大的；主导性与多样性的矛盾成为思政理论教育面临的最为突出的矛盾。在此情况下，思政理论教育应该更加有效地发挥其主导功能，加强社会主义世界观、价值观教育，尽量发掘中华民族的传统文化资源，批判性继承西方国家有益的文化，坚持社会主义方向，增强我国公民对中华民族的文化信仰和文化认同，培育我国人民开阔的文化视野，构建中国特色的精神支柱，树立社会主义核心价值体系，正确处理好既能适应文化的多元发展，又能坚持社会主义意识形态的一元主导的关系。

毫无疑问，全球化对思政理论教育实践提出的挑战是严峻的，其影响并不只是对思政理论教育地位作用造成威胁那么简单。由于全球化对世界格局的深刻影响与改变，对各民族国家社会结构的深刻影响与改变，对人们思想观念和行为方式的深刻影响与改变，应对全球化对思政理论教育的挑战，仅靠在整体层面提高认识，不足以解决问题。只有在深刻分析其全面影响的基础上，理性地反思思政理论教育的基本模式与理念，实现思政理论教育实践由封闭向开放的根本性改变，与时俱进地探讨思政理论教育实践的内容、方法和机制，适时调整具体应对措施，方可实现思政理论教育模式及其方法的新超越。

二、经济全球化对思政理论教育实践提出新要求

经济全球化把思政理论教育置于一个开放的社会系统中，为思政理论教育实践创造提供了全新的发展环境和发展空间。思政理论教育作为一种客观存在的无形的、软性的资源，能够能动地调节经济全球化条件下与发展不适应的各种利益关系，从而促使资源实现合理的流动与有效配置。

从全球化视角来看，经济全球化乃至政治文化的全球化，在对思政理论教育实践提出严峻挑战的同时，也为思政理论教育实践及其模式、方法

的发展创造了机遇,促进了思政理论教育实践打破传统封闭,走向逐步开放。从社会发展视角来看,现代化就是人类社会不断地创造"世界历史"的过程。现代性是现代化的动力之源,现代化的过程就是现代性不断进行扩张的过程。伴随着现代性的扩张和现代化的推进,思政理论教育实践必然由封闭走向开放。要真正实现这个根本转变,必须处理好世界性与民族性、现代性与传统性、多样性与主导性之间的关系。

(一) 正确处理民族性与世界性的关系

全球化凸显的是一体化趋势,是一些国家以经济、技术的优势推行的一体化话语霸权,强调在不同国家以某些共同的思想、知识和手段处理类似的事件,但结果却导致民族、国家之间更大的冲突与矛盾。因此,民族性、世界性都是全球最基本的文化要素。思政理论教育实践走向开放的核心,在于不断增强应对这种变换与矛盾冲突的能力,实际上,就是在全球化环境下,利用全球化所提供的经济技术条件,理性地处理思政理论教育中的世界性与民族性的关系问题,其根本任务是要通过思想、政治、道德以及法治、心理等方面的相关教育,为培养了解本国和世界发展状况、具有爱国情结、具有国际竞争能力、具有人类共同价值取向的人才服务。固守原有的计划经济时代预制的思政理论教育工作体系与方法体系,显然难以适应更不用说超越这种生存状态。

从总体上说,经济全球化发展进程中的各种因素对人们思想观念的影响是客观的、自发的、多样的,容易使人们通过经济、科技与物质生活条件的具体比较,形成感受和做出判断与取舍。而适应经济全球化发展的民族精神却是理性的、全局的、自觉的,它是民族面对经济全球化发展机遇与挑战,寻求生存、发展与超越的理性应对,因而它与人们的直接感受往往不一致,但他又深刻地关联和影响着人民群众的根本利益。因此,在风云变幻的全球化时代,思政理论教育始终坚持马克思主义在我国意识形态领域的主导地位不动摇,构建具有高度自觉性和明确主导性的思政理论教育内容体系和方法体系,在引导人们全面了解、反复比较的过程中,主导人们选择、接受的正确方向和正确内容。用发展的民族特色、民族精神、民族品格应对世界性、国际化，借全球化之力，发展思政理论教育的民族化、国际化。

（二）正确处理传统性与现代性的关系

现代性理论大师吉登斯认为，现代性的一个特点是远距离发生的事件和行为不断影响我们的生活，这种影响日益加剧，因为现代社会生活具有独特的动力源泉。这种独特的动力包括时空分离、社会制度的抽离化、内在反思性三个主要因素。当前现代社会，人们之间的关系必受"在场"所支配，而在现代社会，人们之间的关系不必受"在场"这一条件的制约，当事者与"不在场者"完全可以发生直接的联系，这就是"时空分离"。"抽离"又被译为"脱域"，所谓"脱域"，吉登斯指的是"社会关系从此互相的地域性联系中，从通过对不确定的实践的无限穿越而被重构的关联中'脱离出来'"，换句话说，也就是把社会关系从有限的地方性场景中"剥离出来"，从而跨越广阔的时间—空间距离去重新组织社会关系。"抽离化机制"通过金钱、市场等"符号标志"和"专家系统"两种类型来实现。"反思性"则指把知识应用到社会生活的情景中，并把这作为制度组织和转型中的一种建构要素。

根据吉登斯的现代性理论，思政理论教育要走向开放，就要超越时空的局限，通过信息网络、市场等"符号标志"和"专家系统"，在国际范围内通过多元文化之间的对话与合作，在国际化的环境中是思政理论教育获得新的生命力源泉，并由此来重构自己的组织和制度。然而，现代性的根本基础在于它的传统性，吉登斯所说的"远距离发生的事件和行为"并不只是指在远离我们的地球的某个角落发生的事件和行为，同样应包括在远离我们的历史的某一个角落发生的事件和行为。唯有如此，现代性才会真正获得时空重组、重构情景的条件。现代性绝不可以脱离传统，它只能"脱域"于传统。因此，思政理论教育超越时空，走向开放，必须以正确处理传统性与现代性的辩证关系为基础。只有在此基础上，才能实现思政理论教育基本理念的转变和方式方法的转型，不断获得和丰富自身的现代性。

在全球化背景下，继承和发扬传统性、发展和丰富现代性，同思政理论教育实践从封闭走向开放是同步同构的过程。以弘扬和培育民族精神为核心整合思政理论教育内容，是保持和发扬传统性的必然选择，对思政理论教育传统方法进行现代改造是提升思政理论教育现代性的正确策略。在世界各民族间思想文化的相互融合与碰撞中，弘扬与培育民族精神，其难度远远高于在相对封闭的环境下做此项工作。这就要求高校的思政理论教育工作，要不断研究新情况，拓展新思路，开拓新领域。既让人们坚持弘扬中华民族的传统民族精神，同时又在世界各民族的思想文化与民族精神的交流碰撞中，学会扬弃，选择与接纳其他民族的优秀文化。了解、比较、选择、接纳应该成为思政理论教育实践重要的现代机制，由此对方法创新提出的要求是可以想见的。

（三）正确处理主导性与多样性的关系

我国在融入全球化进程中，实行了经济领域的对外开放，并日益扩大到思想、政治、文化、科技、教育等各领域的开放，形成了全社会、全方位的开放局面。开放环境不仅推动了经济的快速发展，也促进了各种思想文化的交流与渗透，人们的思想变得异常活跃，同时，国外的各种思想理论、社会思潮以及生活方式纷至沓来，使我国意识形态领域和精神文化生活领域，呈现出多元化的发展趋势。文化多元化这一思政理论教育的现实条件，同思政理论教育的主导性本质特征构成了对立与冲突。在这种情况下，要正确把握二者之间的关系，唯有促进相互结合，在思政理论教育中坚持主导性与多样性相结合的基本原则。

思政理论教育主导性与多样性相结合的原则，是马克思主义学说关于世界统一性与多样性辩证统一原理在思政理论教育领域的具体运用。它要求我们在思政理论教育实践中，辩证地把握事物存在形式及其相互关系，既要从事物的多样性中看到统一性，又不要忽视事物的多样性，在方式方法上要灵活多样。在全球化潮流中的思政理论教育，已经被深深地卷入主导性与多样性的矛盾旋涡中。一方面，无论是思政理论教育的环境内容还是教育内容本身都不断呈现出多样性、丰富性和发展性；另一方面，思政理论教育在多样性生态中更加彰显主导性、统一性、必要性和重要性。正如统一性与多样性之间的辩证统一关系一样，思政理论教育的主导性与多样性也是相互作用、相互联系、相互制约、不可分割的辩证统一关系。主导性植根于多样性中，又高于多样性，指导、选择多样性，制约多样性发展方向。多样性的社会实践不断丰富和发展着主导性，多样性不能脱离主导性，否则，多样性就会迷失方向，陷入混乱，其结果不仅冲击主导性发挥主导作用，也必然影响多样性的健康发展。主导性也不能脱离多样性，脱离多样性或限制多样性发展，主导性就会显得单一孤立，成为不起作用的形式、教条。

　　坚持思政理论教育的主导性和多样性相结合的原则，是克服教育内容单一化、简单化，缺少针对性和层次性的弊病，把主导内容的方向性与针对丰富多彩的现实生活和思想特点的灵活性相结合的方法。坚持主导性与多样性相结合的原则，要善于比较、学习和借鉴，在比较中彰显主导性，在学习和借鉴中丰富多样性，完善主导性思政理论教育理论体系和方法体系。世界各国虽然没有思政理论教育这个名称，但事实上都有符合本国需要与文化传统的政治工作与政治教育、道德教育，为社会发展和人的发展提供保证和服务，都有经验教训与独特的工作方式。思政理论教育在面向世界开放与交流过程中，与国外进行同中求异、异中求同的比较，既可以进一步认识我们的优势，又可以学习别国有效的方式，借鉴有用的经验，吸取教训，进一步改进、发展思政理论教育及其方法。坚持主导性与多样性相结合的原则，要求在坚持用主导性内容教育人们的同时，针对教育对象和教育环境的不同特点，从教育对象和教育环境的具体情况出发，灵活选择有效、适用的思政理论教育方式方法，不断增强教育的实际效果。世界上找不到两片相同的树叶。矛盾的特殊性原理说明，世界上不存在任何两个相同的事物。因此，思政理论教育对象的个体差异性是绝对的。由于人们所接受的社会影响不同，受教育群体的思想实际是划分为层次的。任何地方的人群都有先进、中间、落后等层次，在政治上也存在不同倾向。思政理论教育必须针对教育对象的各种不同类型、不同层次和个体差异，选择不同的教育内容和方法,才能取得理想的教育效果。强调选择思政理论教育方法的灵活性、实用性、有效性,是防止思政理论教育一般化、表面化、形式化,确保主导性内容教育的针对性和实效性的关键环节。

第二节 政治民主化与思政教育实践性

一、思政理论教育实践在社会主义政治民主化进程中的作用

(一)思政理论教育实践在民主政治公共权力建构中的作用

社会主义民主政治要维护和体现的是最广大人民的根本利益,其权力建构就是围绕人民当家作主来设计的。但"人民"只是一个抽象的政治概念,民主政治的实现最终归结到每个人身上。当家作主的实现,是以人民群众对自己政治地位的认识以及参政议政能力为前提条件的。在公共权力的新的构建过程中,思政理论教育实践的基础作用尤为突出,具体表现在以下几个方面:

1. 帮助人民群众提高对政治权力的认识

公民对政治权力的认识就是对政府权力与威严及政府能力与威望的认同与遵从,就是人民群众对政治体系的认同与支持。这些认同一方面源于法律的规定,另一方面源于思政理论教育实践对人民群众进行政治知识教育和对政治情感、信仰的培养,使全体人民对政治权力的认识、对政权的合法性与政治领导人合法性达到理想的高度和理性的认同,从而为社会主义民主政治体系的运作提供理性保障。

2. 帮助广大人民群众建立独立的自我参政意识

首先要创造条件,让人民群众把自己视为政治体系中独立平等的一员,建立主人翁观念。民主制度应该植根于全体公民的政治态度和情感

中，要有参与共同体公共事务的积极性和利益激发。只有在人民群众中产生民主的诉求，才会创造并支持、完善民主制度。

3. 帮助广大人民群众形成规范的政治行为模式和个体道德修养

民主政治是广大人民群众以合法手段行使政治权利、实现政治价值的重要手段，它需要进行政治参与的公民，以积极的态度对待自身的利益和参与公共事务，以理性的行为参与政治；它需要人民群众在积极竞取自己政治利益的同时，尊重他人的政治利益，或为了实现群体利益最大化，牺牲个人的部分利益，从而形成与民主制度相适应的政治道德修养和行为模式。

4. 帮助广大人民群众正确地表达和维护自身利益

要使民主制度在运行中发挥最高效能，人民群众必须对自身的政治利益有充分的认识，需要学会正确地表达和争取自己的利益，人们需要自发地组织和行动起来，以集团的方式参与政治权力的竞取。

由此可见，没有充分有效的思政理论教育实践和由这种教育培养的具有民主意识的人民，就不可能有顺利的民主化进程，也就不会有民主政治体制的健康运作。

（二）思政理论教育实践在我国民主政治发展中的作用

现代政治教育思想实践旨在培养能够适应民主政治生活的社会成员，在我国社会主义民主政治发展中具有重要的基础性作用，主要表现在促进人民群众民主价值观的形成、塑造人民群众民主政治活动主体资格、培育人民群众的政治参与能力、提升国家政治文明的民主境界等四个方面：

1. 促进人民群众民主价值观的形成

民主政治作为一种基本的政治生活方式，它既涉及传统思维与现代观念间的关系，又涉及现代人对当代政治价值观念的理解和认同。民主政治建设不只停留于政治制度层面，还涉及人们的价值观念和政治生活方式的转型问题。19世纪的著名政治学家托克维尔认为，民主制度说到底就是要深入每个人的思想与生活，形成习俗。民主作为一种理想的政治制度安排，它的最根本价值本质在于实现人民民主。在这种美好的政治生活中，广大人民有权利、有能力参与政治的决定。但是，这样一种政治价值观念的形成，绝不可能一蹴而就，而这样一项艰巨的历史任务的完成，思政理论教育实践有不可替代的重要作用。

2. 塑造人民群众民主政治活动主体资格

从本质上讲，公民意识是一种理性的精神和主体性意识的有机结合，是对个人的价值、尊严和各项权利的充分肯定。民主政治的主体只能是享有自由权利和拥有理性思维的合法公民，而不可能是习惯于依附与屈从的无主见臣民。公民意识作为一种社会意识，是公民对其道德规范与社会价值、社会权利与义务自觉的反映，是公民以主体地位参政的主观条件。公民意识的形成，既离不开其政治生活中的各项实践，同时也需要通过思政理论教育实践来进行专门的培养。我国宪法和法律明确赋予了人民当家作主的地位和权利，在法律意义上，所有人民只要达到法定年龄，符合法律规定条件，就自动获得了公民资格。但是，具有法律赋予其基本权利的政治人，是否能够成为真正意义上的公民，是否真正获得、行使公民权利，还取决于个人思维中公民意识的成熟程度。思政理论教育实践是当前培养广大人民群众的公民意识、强化人民群众主体资格最直接、最有效的途径。

3. 培育人民群众的政治参与能力

政治参与体现社会主义民主政治的本质和起源，就其起源而言，民主在一定意义上是指政治主体的能动政治参与。思政理论教育实践不仅要培养公民进行政治生活所必要的政治品质，还要培养对民主政治的积极情感。同时，要通过思政理论教育培养公民参政能力，以促进公民对民主政治制度与理念的践行。人民群众的参政议政能力的培养和提高，必须依靠思政理论教育实践的大力推行。

4. 提升国家政治文明的民主境界

在当今社会，一个国家政治民主发展的水平，思政理论教育实践的推行效果，在很大程度上反映这个国家的政治文明程度，在不同层面上反映这个国家政治文明境界。因为民主不仅是一种政治形式、政治制度，它更是一种政治生活习惯与方式。德国教育学家凯兴斯泰纳在其著作中，强调思政理论教育实践重要作用的时候指出："凡是国家权力掌握在人民手中的地方，在那里，只有当全体人民都学会以国民的身份去感受、去思维并且去行动时，才会有一个健康兴旺的国家出现，民主的国家宪法要求具有高尚稳健的精神状态。"思政理论教育实践的一个首要目标就是培养公民的民族情感和国家意识，赋予人民以各项政治方面的美德，最终提升整个国家的整体政治文明境界。

二、现代思政理论教育实践对政治文明建设的独特价值

思政理论教育对社会民主化与规范化矛盾的正确把握与处理，一方面应该在教育内容上加强民主观念、法律意识以及权利义务的教育；另一方面要对教育方法进行改革创新，摸索民主化、规范化以及民主化与规范化相结合的方式方法。具体来说，现代思政理论教育实践对政治文明建设有以下独特价值。

（一）宣传社会主义民主观，保证社会主义政治文明的发展方向

社会主义民主观与社会主义政治文明建设有十分密切的联系，它是社会主义政治文明发展的正确指导，可以为社会主义政治文明的发展提供精神动力和具体的规范原则，保证社会主义政治文明始终在社会主义的基本制度框架下健康发展，保持鲜明的中国特色。社会主义政治文明建设的根本任务就是要大力发展人民民主政治，将人民民主的原则精神贯彻于政治生活及各项具体的政治实践中，贯彻到社会生活的各个方面，使民主真正为绝大多数人所享有。从本质上讲，这个过程就是体现和践行社会主义核心民主价值的过程。因此，建设社会主义政治文明，就是要将社会主义民主观所包含的科学精神内核和理念在政治生活的各项活动中，加以贯彻和落实，把它从书本式的理论变成政治现实。

现代思政理论教育实践已经在内容和形式上得到了极大的发展与丰富。宣传民主思想，培育民主观念已经成为现代思政理论教育实践的一个重要使命。一方面，思政理论教育实践要通过宣传社会主义核心民主价值

观，引导人民群众自我学习、自我提高，不断增强法治观念，加强民主意识；另一方面，思政理论教育实践还要抵御各种非社会主义民主思潮的侵蚀。抵制和清除各种非社会主义的政治观念，最有效的方法和途径就是大力倡导社会主义核心民主价值观，对人民群众进行社会主义民主观教育。

通过思政理论教育实践正面宣传社会主义的民主原则和精神，反击非社会主义的各种民主思潮，可以为社会主义政治文明建设提供正确的民主价值导向，营造健康的思想氛围。具体表现在：

首先，社会主义民主观教育可以为政治文明建设提供智力保证和精神支持。建设社会主义政治文明要在中国共产党的领导下，通过依法治国方略的不断实施来最终保证民主政治的健康有序发展。思政理论教育实践通过宣传社会主义核心民主价值观的基本精神、基本原则和基本内容，阐释社会主义民主的先进性和优越性，使民主原则和民主精神渗透到政治活动和政治生活各个方面，就能牢牢把握社会主义的正确民主价值取向。

其次，宣传社会主义核心民主价值观，可以增强政治文明建设的动力，促使人们为社会主义民主政治的发展做出更大贡献。社会主义民主政治的实质就是人民民主。要保证社会主义民主观的正确发展方向，就要千方百计地保障人民当家作主的权利。而这一切都必须依靠作为政治文明建设主体的广大人民群众在意识形态层面上始终保持积极健康。由于历史的原因，我国当前人民群众的政治觉悟和民主素质普遍偏低，民主法制观念还不强。我们必须通过思政理论教育实践，用科学的社会主义民主价值观来引导公民政治意识的发展。在当代中国，只有社会主义核心民主价值观才是真正适合国情，符合人民群众政治利益诉求的民主观。通过思政理论教育实践，帮助人们树立科学正确的民主价值观念，在政治生活和政治活动领域中，正确地把握每个人自己的政治权利和义务，正确认识政治文明建设中出现的各种纷繁复杂现象和问题，正确认识社会主义民主发展的曲折性、艰巨性和反复性，积极投身于社会主义政治文明建设中。

最后，通过抵制各种非社会主义政治思想，为社会主义民主思想开辟道路。我们通过思政理论教育实践宣传科学社会主义民主价值观，在社会上倡导和宣传社会主义的民主原则精神，构筑思想防线，乃至最终根除这些思潮的负面影响，就能为社会主义民主政治思想的发展开辟更为广阔的道路。通过科学的思政理论教育实践，社会主义民主政治才能在社会主义的基本框架内积极健康发展，能够始终保持同社会主义的价值取向相一致，从而保证社会主义政治文明发展前进的正确方向。

（二）引领正确社会政治舆论，保证舆论的正确导向

政治舆论是一种精神力量，它的走向与社会主义政治文明建设具有密切的关系，它不但反映社会政治意识形态和民主政治思想的价值取向，反映各项基本政治制度和法律规范是否能够代表大多数人的利益诉求，还能够反映人们在各项政治活动中的动机和参政能力水平。对政治舆论走向的引导，是社会主义民主政治建设的一项基本内容。一个政治制度健全、群体政治心态健康的社会，必然会有一个积极健康的社会政治舆论与其相伴随。政治舆论走向的正确与否，也可以在一定程度上反映社会政治文明建设的具体效果如何。

在社会主义民主政治建设中，思政理论教育实践对政治舆论导向的积极作用是通过以下几个方面实现的：

第一，在思政理论教育实践中用发展的中国特色马克思主义科学理论引导政治舆论。在政治文明建设与思政理论教育实践中，通过开展社会主义的人生观、世界观和价值观教育，提供给人们正确的价值判断理念，提供认识政治现象本质的基本方法，增强公民的宪政理念与政治鉴别能力，使广大人民群众的思想观念符合社会主义民主政治的核心要求，使正确的政治观在社会舆论中始终占据主导地位，保持政治舆论发展的社会主义正确方向。

第二，思政理论教育实践能够凝聚正确舆论合力。通过思政理论教育实践活动，聚集政治实践中的积极健康的政治心理和意识形态，产生积极向上的正确舆论导向力，保持政治舆论的正确方向，通过以情感人，以理服人的方式，凝练时代精神，使人们的政治情绪稳定，政治心理健康，形成符合社会主义政治文明发展要求的舆论合力。

第三，思政理论教育实践活动能够减少政治舆论的负面影响。思政理论教育实践就是要通过多种方式，揭露政治舆论中负面言行的本质企图，使人民群众整体保持更加清醒的精神状态，能够认清事情的真相，构建安全牢固的政治心理防线，从而挫败不良舆论制造者的险恶用心，减小社会政治舆论的负面影响。

在具体的社会主义政治文明建设中，通过思政理论教育实践，对政治舆论导向进行正确的引导，对社会主义政治文明建设的顺利推进具有重要理论价值和现实意义，具体有以下几个方面：

首先，通过思政理论教育实践对政治舆论走向进行积极引导，可以为政治决策，在做好心理准备，减少政治改革震荡，使政治体制改革顺利进行。实践证明，任何一个政党或政治集团，为了完成一定的政治任务和使命，均要为自身营造属于自身意识形态范畴的导向舆论。在具体的社会主义政治文明建设中，健康积极的舆论导向应比政策措施要先行，为各项决策的施行提供正确精神引导。

其次，通过思政理论教育实践营造正确舆论。在社会主义政治文明建设中，必然会带来大量的利益关系的调整，这在一定程度上会给政治主体带来巨大的压力，带来利益冲突。政治舆论是一把"双刃剑"，既是人们释压的有效途径，又可以为思政理论教育实践营造积极氛围，化解各种政治矛盾，清除公民进行政治参与的思想障碍。思政理论教育实践对政治舆论走向进行引导，有助于社会主义政治文明建设的健康发展。

（三）激发政治参与热情，保障政治文明建设主体的动力

政治参与是政治行为的重要组成部分，是政治关系中人民权利得以实现的主要方式，反映人民在政治关系中的地位和作用，体现政治关系的本质内容。一个国家政治参与水平的高低，往往是衡量这个国家的民主程度、政治发展状况的重要标准之一。在政治文明建设中，政治参与的热情程度通常反映公民总体政治素质和总体政治参与水平的高低，反映人们对政治体制与活动的认可程度。因此，社会主义政治文明建设中，必须高度重视和激发调动广大人民群众的政治参与热情。而思政理论教育实践正是

激发人们政治参与热情的一个行之有效的手段。

思政理论教育实践是在社会主义框架内进行的一种综合性实践教育活动。它帮助广大人民群众充分认识参政议政的重要意义，消除思想上的畏惧心理，增强政治认同感与国家意识。同时，它能够帮助人民群众学习民主法治知识，培养法治观念，清除错误思想影响，提高自我意识，加强履行义务的自觉性。在政治文明建设中，思政理论教育实践通过多种方式、多种途径，阐释、宣传社会主义核心政治观，不断进行社会主义政治意识和民族观念激发，调动群众政治参与积极性，对政治文明建设具有积极促进意义。

首先，它可以增强政治文明建设的主体动力。在社会主义国家，人民是国家的主人，国家的一切权力属于人民。进行社会主义政治文明建设，不仅是国家和政府等领导层面的事，也是广大人民群众自己政治生活中的事情，关系到每个人的切身政治利益。在政治文明建设中，通过思政理论教育实践，采取各种各样的有效手段，激发群众的集体政治热情，帮助人民群众积极参与政治，以法律捍卫民主权利，为国家的政治发展建言献策，从而保证社会主义政治文明建设的主体动力。

其次，它能够使社会主义民主理念得到更好的落实，社会主义民主原则得到较好的体现。社会主义政治民主的优越性，绝不只体现在理论上，而是更多更具体地体现在政治活动实践中。只有通过充分激发人们的参政热情，不断体验民主精神，践行民主原则，这样才能把对社会主义民主精神的认可，转化成自己内心坚定的政治信念，才能真正把握好、践行好社会主义民主原则。

最后，它可以使政治决策更加科学。社会主义国家的政府是人民的政府，体现着人民当家作主。这就要求政府的决策必须从人民利益出发，权为民所用，利为民所谋，一切政治行为都要符合民意，决策过程必须民主科学，能为人民所接受。同时，还必须能够实现政治资源的最优配置，实现政治权力的科学合理分配，从而更好地维护和实现每个公民的政治利益。为此，我们要通过思政理论教育实践教会人们如何监督政府，参政议政，使政府的决策尽可能科学化,从而推进社会主义政治文明建设的进程。

(四) 积极抵御敌对思想渗透,构筑坚固思想防线

伴随全球化进程的迅猛发展,国家间交往合作日益频繁,政治多极化、文化多元化趋势日趋明显,意识形态领域的各种分歧冲突日渐凸显。西方大国利用自身的优势,不断加大对发展中国家的精神渗透,妄图颠覆其政权,将其纳入资本主义体系。我国作为社会主义大国,更是西方大国渗透的重点。在社会主义政治文明建设中,意识形态的这种"渗透"与"反渗透","西化"与"反西化"的斗争,还将继续长期存在,并在一定条件下有所加剧,甚至激化。这些不利于社会稳定的因素,对社会主义政治文明建设构成了重大的挑战,产生了巨大影响。

为此,思政理论教育实践必须力图在全体人民思想中,构筑意识形态防火墙,抵御西方势力"西化"和"分化"的渗透图谋。要通过开展社会主义核心政治观教育,特别是社会主义民主法治教育,使人民群众自觉接受社会主义的政治价值观念和国家意识,自觉维护社会主义核心政治价值体系在政治生活中的主导地位;我们要大张旗鼓地褒扬政治立场坚定、政治方向明确的先进典型人物和事件,激发民族自尊心和自豪感,以达到影响、教育和警醒广大人民群众的目的。

在社会主义政治文明建设中,通过发扬思政理论教育实践自身优势,善于用真理的力量去揭露险恶图谋,阐释各种政治舆论本质,激发爱国情感与民族意识,提高人们的政治鉴别力,厘清西方民主思潮的反动本质,正确认识社会主义民主的先进性,进而支持社会主义民主政治建设的各项具体工作,积极为政治文明建设营造稳定健康氛围,保证政治文明建设取得更丰硕成果。

第三节　文化多元化与思政教育实践性

一、文化多元化给思政理论教育实践带来的机遇和挑战

(一) 文化及文化多元化的含义

按照英国早期人类学家泰勒的定义，文化包括知识、信仰、道德、艺术、法律、习俗，以及其他个人成为社会成员而习得的能力和习惯。美国当代著名文化人类学家鲁思·本尼迪克特在《文化模式》中对文化是这样定义的："文化是通过某个民族的活动而表现出来的一种思维和行为模式，一种使该民族不同于其他民族的模式。"这两个关于"文化"的定义简约地概括了文化的内涵。

文化有广义和狭义两种理解。广义的文化包括四个层次：一是物态文化层，由物化的知识力量构成，是人的物质生产活动及其产品的总和，是可感知的、具有物质实体的文化事物。二是制度文化层，由人类在社会实践中建立的各种社会规范构成。包括社会经济制度、婚姻制度、家族制度、政治法律制度、家族、民族、国家、经济、政治、宗教社团、教育、科技、艺术组织等。三是行为文化层，以民风民俗形态出现，见之于日常起居动作中，具有鲜明的民族、地域特色。四是心态文化层，由人类社会实践和意识活动中经过长期孕育而形成的价值观念、审美情趣、思维方式等构成，是文化的核心部分。狭义的文化通常指这个人所受到的教育程度。

每一文化都有存在的社会历史和现实基础。文化实际上是一种自我表现，是每个人素养的一种表现。因此，文化在本质上就是多元的。这种多元性同现代社会在经济上的利益分化、政治上的个体化密切联系在一起。

因此，政治民主化、经济市场化都是文化多元化的动力。

由于交通、网络、通信的空前发展，当代社会国家与国家之间的交流日益便捷，各种各样的文化形式相互碰撞、相互摩擦，从而形成了文化多元化这个当代文化重要特征。站在历史的角度来观察文化现象，可以发现，多元化是伴随着整个人类文化的发展而实现整个人类文明最主要的特质。而这种特质的形式很大程度上乃是与人类全部实践活动相互关联的，而思政理论教育实践是人类全部实践活动中的一支。

文化多元化的含义应是多层次的。首先其包括全球范围内不同民族文化的百花齐放，同时也包括某一民族国家中的传统文化对其他民族文化的宽容以及必要时的吸纳。多元化的方向应是传承民族文化、吸收外来有益文化、拓展现有文化。我国是一个多民族国家，包括汉族在内的五十六个民族，每个民族都有各自的文化形态，每种文化形态在不同地区都得以保留。在我国，存在着从原始社会文化形态一直到社会主义社会文化形态等不同的文化形态，在经济领域，存在从手工经济形态一直到机器生产等多种经济形态，我国许多自治地区有浓厚的宗教气氛，同时还有不少地区足以和世界上最发达的地区相媲美。面对错综复杂的国情，我国的经济和社会要想得到持续、稳定、协调、健康的发展，就必须依据我国的具体国情保持思想文化形态的多样化，保持文化的多元化特质，也只有如此，人的个性才不被禁锢，才智才能得以开发，本领才能得到提高，为国家和社会的进步与发展做出应有贡献。

当今中国正在积极地对外开放，要关注对外文化交流，要理解文化多元特质在当代国际社会存在的必然性，这就决定了必须尊重和保持文化多元特质。改革开放四十多年的历史鉴证了文化多元化在给我们带来成就的同时也创造了机遇。虽然我国经济发展不断取得成就，但在当前，我们仍需要巩固经济实力，不断提升自我，所以还要加大学习的力度，增大开放的程度，扩大交流的广度，其前提是必须保持文化形态上的多元化特质。如果某种文化形态对于我国社会的进步和发展有益，那么我们必须尊重这种文化形态，本着存异的原则使这种文化形态能够在社会主义的阳光下生辉。

如果把文化看成一种思维与行为模式，看成一种信仰和价值趋向，那么我们可能会对其他文化形态宽容一些，可能会在某种程度上消除我们对于自己文化传统的焦虑，同时给思政理论教育带来机遇。

(二) 文化多元化给思政理论教育实践带来的挑战

随着经济全球化浪潮的不断高涨，信息化的不断发展，必然带来国际范围内不同思想文化更加激烈的碰撞。这种不同思想文化的碰撞，虽然给各种异质文化相互学习、相互整合带来契机，使它们在这个过程中丰富和发展了自身，但是这个过程必然带来文化和价值观念领域的巨大冲突和张力。因为在任何文化的交流、碰撞中，总是强势文化掌握着交流的主控权。这种文化交流的一般规律决定了现实文化交流的不平等性，表现出不平等的输出和接受关系。在文化激荡的条件下，如果不帮助人们树立起中华民族的文化自信心，用社会主义核心价值体系构筑起一道坚固的文化防线，文化多元化很可能带来主流文化边缘化。如何在文化多元化的前提下，巩固我国主流文化阵地，确保我国的文化安全，引导人们树立对中华民族优秀传统文化和社会主义先进文化的认同感，是时代给思政理论教育实践提出的重要课题。

二、文化多元化对思政理论教育实践提出的新要求

(一) 弘扬"主旋律"，体现主导性

思政理论教育的"主旋律"具有丰富的层次性，它蕴含四个层面的内容，即：一是反映爱国主义、集体主义和社会主义的思想和精神；二是反映改革开放和现代化建设的思想和精神；三是反映民族团结、社会进步、人民幸福的思想和精神；四是反映用诚实劳动争取美好生活的思想和精神。

现代思政理论教育是有思政理论教育的主体、客体、环体和介体等要素构成的复杂系统，其学科形态发展必然要抓思政理论教育领域的主要矛盾及矛盾的主要方面，才能保证思政理论教育的发展始终为人的自由全面

发展服务。历史表明，任何国家和社会的思政理论教育，无不具有明确的主导性。坚持马克思主义理论为指导的思政理论教育的主导地位，是现代思政理论教育实践发展的本质要求。

1. 现代思政理论教育实践的主导性的含义

郑永廷教授指出，"所谓主导，就是引导选择的主要方向、方面及重点""思想道德教育主导就是思想道德教育引导、选择的主要方向、内容及重点"。主导性思政理论教育是一种坚持重点引导前提下强调主导性与多样性相统一的思政理论教育形态。石书臣教授认为，"思政理论教育主导性应包括两个层面的主导性。就其本质层面而言，是指思政理论教育要坚持引导、选择的主要方向、方面和重点的特性，主要表现为具有主导目标、主导内容与主导方法等；从其功能方面来讲，居于主导地位、发挥主导作用的思政理论教育，表现为个体发展和社会发展的方向保证作用、价值导向作用、目标激励作用等"。现代思政理论教育实践的主导性体现在三个方面：一是用马克思主义指导人们的思想与行为；二是用社会主义意识形态主导社会思潮与各种文化；三是用正确的价值观主导经济与业务工作。增强思政理论教育主导性，是适应并促进多样化、复杂化、多变性社会的需要，也是衡量发挥思政理论教育生命线、中心环节作用的尺度，还是维护社会主义意识形态安全的思想保证。

2. 现代思政理论教育实践主导性的实现途径

坚持现代思政理论教育主导性，就要突出马克思主义对各种社会思潮的引领作用，并努力引导人们在多元的价值选择中走向马克思主义。

第一，坚持马克思主义在意识形态领域的指导地位，在引导人的精神生活和促进人的全面发展中起主导作用。

现代思政理论教育在实践中要通过个体的心灵秩序建构发挥其导向作用。一是理想信念的导向。理想信念对人们的认识活动和实践活动具有指向性和规定性。人们树立并形成正确的理想信念，主要是通过占主导地位的思政理论教育实践来实现的，凝聚社会、激发动力、指导行为又要通过理想信念来实现。二是奋斗目标的源动。运用社会发展目标和人的发展目标引导个体的精神生活是思政理论教育的目标源动。三是行为准则的导向，按照一定的法规和准则对人们的行为准则进行导向。为了规范个体的行为，现代思政理论教育实践采取与外在的制度建设相结合的方式，以引导人自觉爱国守法，明礼诚信、团结友善、勤俭自强、敬业奉献的公民道德要求，养成良好的道德品质和文明行为，社会主义核心价值体系理论是社会主义意识形态的本质体现，为人们思想意识发展指明了方向。

现代思想政治理论教育实践对社会层面的导向主要是通过建构良好的社会秩序体现的。它强调思政理论教育必须服从和服务于社会发展规律的需要。从积极的方面来说，思政理论教育对社会秩序的建构主要是通过人们的共识性来实现的，它包括政治共识性、思想一致性与行为统一性。政治共识性就是要结合社会发展和人们发展的目标、政治原则，使之达成一致，以至消除政治上的分歧与偏向。思想一致性是联系思想和工作实际，在思想方法和思想动机上取得一致，克服思想认识上的偏执性和片面性。行为统一性则是在思想一致、政治共识的前提下，明确人的行为准则，使行为符合社会发展需要，在促进持久和谐的社会秩序形成的基础上，为人的发展及社会发展创设良好的政治思想氛围。

现代思政理论教育实践主导性的发展，必须坚持中国特色社会主义的基本价值取向。中国特色社会主义理论体系是不断发展的开放的理论体系。在当代中国，坚持中国特色社会主义理论体系，就是真正坚持马克思主义。现代思政理论教育实践必须以中国特色社会主义理论体系为指导，坚持不懈地用社会主义核心价值体系武装全党、教育人民。

第二，实现弘扬主旋律和提倡多样化的统一，大力发展先进文化。坚持现代思政理论教育实践的主导性，就要把弘扬主旋律和提倡多样化统一起来，大力发展先进文化，支持健康有益文化，努力改造落后文化，坚决抵制腐朽文化。大力倡导一切有利于发扬爱国主义、集体主义、社会主义的思想和精神，大力倡导一切有利于改革开放和现代化建设的思想和精神，大力倡导一切有利于民族团结、社会进步、人民幸福的思想和精神，大力倡导一切用诚实劳动去争取美好生活的思想和精神。面对世界范围内各种思想文化思潮相互激荡的局面，现代思政理论教育实践要突出马克思主义对各种社会思潮的引领作用，并努力引导人们在多元的价值选择中走向马克思主义，坚持用社会主义核心价值体系武装全党、教育人民，坚持以中国特色社会主义理论体系为指导。

（二）坚持"主旋律"，提倡多样化

1. 主导性与多样性的辩证关系

主导性与多样性是客观事物发展过程中两个不同的侧面。任何事物的存在都具有主导性，否则，该事物就难以以特有的属性存在，它反映了事物的本质性。多样性是指事物的种类和表现方式的多种多样，它反映的是现象。主导性与多样性的矛盾是思政理论教育发展过程中的基本矛盾。这里的主导性是指在思政理论教育中的主旋律教育，它弘扬的是主流文化与主流意识形态。思政理论教育的主导性与多样性是辩证统一的。主导性不能离开多样性而存在，主导性存在于多样性中。郑永廷教授认为，"主导性思政理论教育在对象上是对社会多样化以及多样性思政理论教育的概括、超越，没有多样性的抽象就没有主导性在功能上形成共同理想、核心价值观；没有对多样性取向的规范就不可能有共同目标在性质上维护社会主义意识的安全；没有对多样性文化的合理选择、吸纳、鉴别、批判，就不能发挥社会主义意识的主导作用"。思政理论教育的主导性存在于多样性中，并通过多样性而存在。而多样性也离不开主导性，总是和主导性相联系而存在。多种文化的渗透与激荡推动社会多样化发展，也影响着人们的思想，思政理论教育实践发展中也曾出现了对主导性和多样性的辩证统一关系认识不清的问题。因此，面对复杂的形势，必须坚持思政理论教育多样性与主导性的统一。防止在意识形态领域指导思想的"多元化"倾向，坚持意识形态领域的主导性。在思政理论教育工作的内容和对象上，区分层次，明确要求，做到思政理论教育要求的广泛性与先进性的统一，在弘扬主旋律的同时提倡多样性。

2. 提倡多样化的思政理论教育实践

从辩证唯物主义认识论的角度来看，人们的思想观念是来自于社会生活实践的，而实践又是检验人们思想观念是否正确的唯一标准。同样，思政理论教育，作为一门有益于提高人们对世界的认识和改造能力的科学，它的形成和发展，也是不能离开党所领导的人民群众进行的革命斗争的实践的。因此，在实施思想教育的过程中必须十分注意同当前的治理整顿、深化改革、维护稳定的实际相结合，同人民群众的历史创造活动相结合，切不可简单、片面或孤立地把这种教育当作一种固定模式的政治说教或能医百病的"灵丹妙药"。必须坚持以实践的检验尺度来评价思政理论教育的效果好坏，在实施教育过程中准确地把握其实践性的特点，不断明确其教育任务、目标和目的，充实和完善其教育内容和方式方法等，从而使其更具时代性、实用性和针对性，更能有效地推进社会主义现代化建设事业。

围绕"主旋律"，可以开展多样化的系列群众性的思政理论教育实践活动，比如"唱读讲传"活动，"唱读讲传"就是唱红歌、读经典、讲故事、传箴言。"唱读讲传"实践活动的内容体现其倡导与传播主流意识形态，宣传爱国主义和革命英雄主义精神的主旋律。是马克思主义通俗化、具象化、大众化的实践。"唱读讲传"实践活动与马克思主义普遍理论的"亲源"关系，极大地契合了思政理论教育弘扬社会主义"主旋律"的目的。

正是这些贴近老百姓日常生活实际的教育内容的导入推动着中国化马克思主义的大众化、本土化不断向前发展，也昭示着马克思主义理论蓬勃向上的持久生命力。热爱祖国并立志献身于祖国和中华民族伟大事业是每个公民应有的基本政治素质和道德情操，加强对人民群众的思政理论教育必须以社会主义"主旋律"为着力点，切实弘扬思政理论教育社会主义"主旋律"的主导性，提倡思政理论教育实践的多样性。

第五章

现代思政教育实践路径新发展

思政教育实践以生活为中心，强调思政教育要遵循理论性与生活化相统一的原则，是一种关注人的生活世界、提升人的生活质量、引导人确立一种良好生活方式的思政教育实践形态。思政教育生活实践是与抽象的思政教育相比较而言的，是一种以生活世界理论为基础的教育理念或教育思想。思政教育生活实践实现了思政教育理念由抽象向现实的转换，教育形式由课堂型向生活世界的转移，教育过程由支配型向互动型的转变。

第一节　现代思政教育生活实践路径发展

思政教育生活实践有深刻的社会现实背景。思政教育生活实践是指在研究教育对象生活的基础上，将思政教育融入教育对象的各种生活环节，用科学的思政教育学理论指导和规范教育对象的生活，使思政教育与生活有机融为一体的思政教育。

一、思政教育生活实践强调关注生活世界

（一）思政教育生活实践实现了思政教育理念由抽象向现实的转换

社会主义社会的意识形态教育之所以具有旺盛的生命力，就在于它关注和贴近人们的现实生活世界。实践已经证明，盲目、僵化和片面地进行意识形态宣传教育不会取得良好的效果，脱离生活实际的思政教育很难取得实效性。因此，现代思政教育实践的发展要求应当避免抽象、僵化的意识形态宣传，转变为面向内容丰富、生动的生活世界的服务理念，使思政教育融入社会成员的生活实践中，并在关注人的生活实践中实现其意识形态教育和引导的价值。

（二）思政教育生活实践实现了思政教育模式由课堂型向生活化的转移

传统的思政教育强调单一的理论灌输模式，思政教育的基本特征是关注权威、理论、知识，从某种意义上说，这种思政教育模式是一种静态的呆板的、僵死的缺乏活力的教育。所以，教育缺乏实效性和针对性，因为静态的理论宣传与教育往往具有滞后性，人们是在动态的生活环境中培养和提升思政素质的。思政教育生活化强调思政教育活动必须紧密结合现实生活，以生活为中心进行思政教育，围绕教育对象的日常生活实际来进行。

（三）思政教育生活实践实现了思政教育由支配型向互动型的转变

一般传统的思政教育过程是教育者支配教育对象，教育主体具有绝对的主导权，教育对象成了被动的"接收器"，在现实的思政教育实践中，教与学是相矛盾的，教育者的"教"无法也不可能取代教育对象的"学"，更不能取代教育对象对生活世界的体验与感悟。思政教育生活实践则强调以人为本，注意在生活实践中引导教育对象的价值取向，树立牢固的理想信念，把理论灌输与生活实际相结合，最终确立科学的世界观、人生观和价值观。

二、思政教育生活实践旨在提升生活质量

（一）生活水平的提高并不意味着生活质量的提升

思政教育作为体现社会主义特色和优越性以及社会主义发展方向的重要实践路径，要努力为社会发展和人的生活质量提升服务。改革开放以来，有中国特色社会主义市场经济体制的建立，社会主义现代化建设事业取得的伟大成就，极大地提高了我国人民的物质文化生活水平。但是生活水平的提高并不意味着生活质量的提升，如同经济增长不能简单等同于经济发展一样，尤其我国还存在城乡、区域经济发展不平衡。生活质量是一个全面评价生活优劣状况的概念，思政教育生活实践是关注生活世界、提升生活质量的教育实践形态，在现代人生活质量提升的过程中它必然要发挥其应有的作用。

(二) 思政教育生活实践是一种重视人的精神生活的教育形态

思政教育对人的思想意识、主流价值观念具有导向和激励的功能，科学的价值导向和持久的精神激励使人的生活充满活力。思政教育生活实践把思政教育活动引向丰富多彩的生活世界，人们在社会生活实践中去体验和感悟生活的意义所在，摒弃了传统思政教育抽象化、僵化的教育方式。具体说来，如果全体社会成员对生活的满意程度不断提升，其幸福感也会随之上升，生活质量在这一循环中也会不断得以提升。思政教育生活实践就是要把生活水平的提高与生活质量的提升融为一体，使人们由自在自发的生活状态转变为自由自觉的生活状态。

三、思政教育生活实践重视引导人们确立良好的生活方式

与传统的思政教育相比，现代思政教育在突出其鲜明的强烈的意识形态特性的同时，通过引导社会成员确立一种科学的生活方式，最终促进人的自由全面发展。

(一) 思政教育生活实践引导引导人们选择和确立与社会发展相适应的生活方式

所谓生活方式，是受一定社会发展阶段客观条件制约的个人、群体或全体成员，以一定的价值观念为指导，满足自身生存发展需要的全部生活活动的稳定形式和行为；是由社会政治经济文化总体条件决定的人的现实社会行为方式。知识信息经济时代来临和互联网的迅猛发展，改变了人们传统的生活方式，各种信息、价值观念和社会思潮都在影响和冲击社会主流价值观念。思政教育生活实践通过引导个体的生活方式，当然，这里所说的生活方式是一种实践逐渐生成的生活方式，而不是一种预期的生活方式。思政教育生活实践在传承中华民族优秀传统文化以及价值观念、思维方式和习惯、社会传统观念、伦理观念和审美情趣等精神理念的同时，引导人们用更加积极的心态观察世界，引导人们选择和确立与社会发展相适应的生活方式。

(二) 思政教育生活实践的终极目标是为了促进人的自由全面发展

思政教育生活实践是为了促进人的自由全面发展,而不是为了在现实世界中加强对人民的思想束缚。所以,这种思政教育强调理解与包容、启发与引导、平等与和谐,从而突出其尊重人、理解人、关心人并最终促进人的自由全面发展的目的。郑永廷教授指出,"思政教育学科,从人的层面讲,就是促进人的全面发展的学科,而人的全面发展就使人的主体性增强"。增强人的主体性,就是促使人们在生活中形成自觉的活动方式,通过开放式、参与式、民主化与生活化的思政教育活动,不断提升其思政素质,其效果要远好于具有"强迫性""施加性""受动性"特征的传统思政教育方式。人们在社会生活实践中会自觉或不自觉地接受思政教育生活实践传承的价值观念,而社会主义意识形态的主流价值观念在潜移默化中被社会成员内化为一种生活态度与生活方式,激励着人们提升自身的创新意识与精神素质,最终向自由而全面发展的目标迈进。

第二节 现代思政教育虚拟实践路径发展

一、网络思政教育实践的内涵及特征

网络社会的到来和虚拟空间的产生,使网络思政教育分支学科的发展被提上思政教育学科建设日程。在网络领域这个新空间,人们的虚拟实践与人的现实生活实践的关系,引起了人们越来越多的关注。在网络世界的虚拟实践,既是人的现实生活实践的延伸、优化和发展,在某种程度上又与人的现实生活实践存在较大不一致性、差异性。人们在虚拟实践活动中形成的各种关系称为虚拟关系,随着电脑广泛应用及互联网的迅速扩大和发展,虚拟关系对现代人的精神生活与价值引导的意义越来越重要。虚拟关系和虚拟实践构成了人们在虚拟世界的学习、工作、生活和交往方式，它拓展丰富了现代人的社会关系。正如安东尼·吉登斯所说的"一个瞬时电子通信的世界——即使是那些生活在最贫穷地区的人们也能参与到这个世界之中——正在瓦解各地的地方习惯和日常生活模式"，哪怕相距遥远的各国人民，都可能随时会感到网络对人们之间生活的深刻影响。因此，网络的出现和发展，不仅为人们开辟了一个新的生存与发展空间，并且对人们现实的学习、工作、生活及思维方式产生了广泛而深刻的影响。

目前，学术界关于网络与思政教育之间关系的研究非常丰富。有的学者提出利用网络开展思政教育的活动及其学科形态，应当称之为"网络化思政教育"，它是思政教育的一个分支学科。大部分学者都认为，反映人们利用互联网作为传播思想观念、政治观点和道德规范的思政教育形式应当成为"网络思政教育"。还有些学者提出相关的概念，如思政教育网络化、网络德育等。笔者也比较赞同网络思政教育作为思政教育分支学科的提法。许多学者从不同的视角对网络思政教育的内涵和概念作出界定，比较有影响的界定出自张耀灿、郑永廷等专家所著的《现代思政教育学》中"网络思政教育是在互联网和信息技术迅速发展的时空境遇下，以认清网络本质和影响为前提，利用网络促使思政教育运行的虚拟实践活动。相对于传统思政教育运行与现实的物理空间而言，网络思政教育运行于由网络所营造的虚拟空间中，因而在运行方式、对象、内容、效果等方面具有与传统思政教育不同的特性，成为思政教育学科当代发展的重要形态之一"。笔者认为，这里关于网络思政教育的界定较好地揭示了其本质内涵。

第一，网络思政教育是一种存在于虚拟环境之中的思政教育活动形态。它是以计算机和信息技术为基础形成的数字化符号系统，以数字、图像、声音等抽象方式表达有形事物和现象，通过网络空间传播价值观念和思想意识，而网络世界本身就是一种虚拟环境，与现实世界中的思政教育活动相比，网络思政教育具有鲜明的虚拟性、多元性和丰富性。思政教育的主要目的在于使一定的社会成员掌握和接受一定的思想观念，形成一定的世界观、人生观和价值观，并最终在现实生活中确立良好的生活方式与生活态度。但网络思政教育中的教育主体、教育客体、教育环体与教育介体，与现实生活中的思政教育情境又有很大差别，这里的思政教育主体所要面对的教育客体具有不确定性、虚拟性，思政教育环境的虚拟性、不确定性主要在于网站的不断变更及其传播思想体系的复杂多变所构成的人的虚拟教育场景，而思政教育介体中渗透着虚拟化、多元化与诱惑性的网络信息，与传统思政教育以有形事物和现象为中介的现实空间相比，网络思政教育的价值与功能似乎很难找到合适的发挥途径，这种信息或符号空间具有鲜明的虚拟性，但虚拟不等于虚假，网络思政教育传播的价值体系与思想观念对网民的影响是实实在在的。尤其是一些大学生网民，生活阅历浅，对信息的选择辨认能力较差，最容易受到不良信息的影响，因此，他们应当是网络思政教育的主要客体群。

第二，网络思政教育的运行方式具有网状和去中心化特征。网络思政教育的空间是网络状的传播结构，思政教育内容和信息以一对一、一对多、多对多、多对一的方式在个体之间运行，与传统思政教育的一对一、一对多的中心化运行方式相比，它具有明显的网状与去中心化特征。它是以传统想政治教育为基础，在运行空间和方式上网络化发展。这种特征使思政教育主体与思政教育客体之间的对话成为可能，因为在传统的思政教育中，思政教育主体一般是以长者、师长的形象出现，似乎具有一种居高临下的优势，并容易在思政教育过程中控制、支配思政教育客体的思想和行为。思政教育客体在传统思政教育中，由于年龄、生活阅历或者出于对思政教育主体的尊敬，往往在思政教育过程中居弱势地位。网络思政教育的发展，为思政教育主体与思政教育客体之间的平等对话搭建了平台，特别是思政教育客体的身份具有虚拟性，所以思政教育客体可以大胆、直白地与思政教育主体开展交流式、探讨式的思政教育，思政教育的客体容易受到尊重。因此，网络思政教育的发展，必须考虑和研究网络的特点，根据网络特点有针对性地开展思政教育。网络思政教育还应当研究和探索虚拟空间思政教育的新理论、新形式、新方法，真正能够把现实性教育与虚拟性教育结合起来等问题。

第三，网络思政教育的海量信息传播，为思政教育由"前喻文化"教育模式转变为"后喻文化"教育模式提供了现实可能性。传统的思政教育模式主要是前人对后人、成年人对未成年人通过经验式的途径进行，一般是思政教育主体以自身的经历和多年的经验来告诉思政教育客体，引导他们的思想和行为向思政教育主体所希冀的方向发展，这就是典型的"前喻文化"教育模式，通过一代代的传播主流价值观和优秀传统文化来达到思政教育的目的。"前喻文化"的思政教育模式为"灌输"理论的发展提供了基本的文化机制，在传统社会里，无论是思政教育还是其他教育形态，一般都是一种"前喻文化"教育模式。由此，列宁指出："工人本来也不可能有社会民主主义的意识。这种意识只能从外面灌输进去。"

"前喻文化"教育模式的一个基本前提预设是，教育主体是比较成熟的、具有较高理论水平的且体现社会发展要求的个体或群体。"后喻文化"教育模式则与之不同，思政教育的主体失去了权威性的光环，它甚至表达了一种后人教育前人、未成年人教育成年人的教育思想。在虚拟环境中，广大未成年人与年轻人是这里活跃的主体，他们思维活跃、大胆前卫，对新知识与新技术的理解接受能力较强，而广大成年人在网络虚拟环境中似乎被边缘化，甚至成了被教育的对象。因此，网络思政教育中信息传播的海量性、新奇性、复杂性、中立性与隐蔽性等特征，容易使思政教育的主客体之间形成"后喻文化"教育模式。

二、网络思政教育实践对人的虚拟行为的引导

网络时代，人的价值观念与行为方式的新特征，使人的行为与社会的互动变得更加紧密，但也增大了网络思政教育的难度与变数。面对网络给行为主体带来的负面影响及价值观念的偏差，思政教育工作者必须主动出击，顺势利导，扬长避短，充分发挥思政教育的功能与作用。

（一）引导网络行为主体正确认识网络

互联网作为新兴科技发展的产物，它既存在有利于人类社会发展的一面，也存在不利于人类发展的一面。互联网已经延伸、扩展、影响到人类

社会的许多方面。关注网络、认识网络、了解网络、运用网络是网络社会成员不可回避的事情。因此，我们必须通过各种形式的宣传、教育，帮助青年正确认识和理解网络的本质特性，发展过程及其作用影响，使他们认识到网络中的人不过是人类发明的工具而已，它不能取代人类"万物之灵"的地位，人类也不可能脱离现实的物质世界而生活在虚拟的网络世界。通过提升网络成员的主体意识、社会意识，帮助网络主体正确处理虚拟社会与现实社会、工作学习与娱乐的关系。

（二）开发网络的教育、服务功能

互联网本身是一个巨大的"信息库"，各种网站的建立多如牛毛，其中不乏一些优秀的健康的网站，也有唯利是图、别有用心的反动和色情网络。各种网站都想方设法吸引人们的视线，培养自己固定的网民。这种鱼龙混杂、良莠不齐的状况，迫切需要我们正确开发网络资源，通过服务来吸引社会成员的视线。我们可以制作各种涉及学习、就业、交友等人们感兴趣的，能切实为其服务的各种电子教材及参考资料，这些材料应图文并茂、生动直观，便于上网学习，可以邀请心理咨询专家、法律服务专家在网上与网络行为主体就人生观、价值观、心理方向的问题和社会热点问题进行讨论，以澄清行为主体思想中一些模糊认识。

（三）培养青少年的网络道德素质

由于现代通信技术的发展以及传播工具的多样化、现代化，不良信息无孔不入，无时无刻不在影响青年。同时，由于技术和法规的不完善，在很多时候，人们对不良信息的传播还无能为力。青年网络道德虚弱化倾向比较明显。比如散布不负责任的信息，招摇撞骗，随意进入别人的系统等。因此，我们必须加强青年网络道德宣传教育，明确网络主体之间的权利、义务和责任，以及网络道德的基本原则，帮助青年正确认识网络道德，增强他们的判断能力，指导他们学会选择、识别良莠，鼓励他们进行网络道德创新，养成道德自律，提高个人修养。

（四）利用网络资源开展行为主体心理学方面研究

由于网络传递信息资源的隐蔽性，人们在利用网络交流时无所顾忌，表露出潜藏在内心深处的需要、情感和意愿等，同时，网络社会也存在众多新的心理障碍的行为表现。例如，面对色彩斑斓的网络界面，以及层出不穷的各种网络书籍、电脑软件，因过于担心自己学不会或学不好网络技术而产生网络恐惧行为。又如，有些行为主体长时间地沉溺于网络游戏、上网聊天、网上信息的猎奇而形成对网络的过度依赖，产生"网络迷恋瘾"等。因此，我们必须利用网络来了解行为主体的心理状况、发展水平、行为模式及存在问题，分析行为主体的内在需要动机，有针对性地提供帮助、指导，以促进行为主体心理的健康发展。当然，这就对施教者的能力素质、思想道德水平提出了更高的要求。

（五）加强中华民族的优秀文化教育

经历了几千年繁衍而生生不息的中华民族，创造了世界上历史最悠久最为博大精深的文化，随着时代的发展，中华文化之精华越来越具有生命力。教育和引导网络行为主体发扬传统文化，是当代思政工作的一项重要职责。特别是在多种文化相互激荡、相互影响、相互融合的当今世界，只有保持每一个民族自身的优秀文化传统，才能保持世界文化的丰富多彩。互联网具有开放性，它完全打破了国界，连通了地球上任意一个可连通的角落。互联网上英语是基础语言、强势语言，而中文是一般语言、弱势语言，作为中华民族传统文化最重要也最基本的中文在互联网上地位的衰微，将导致长期沉溺于网络的行为主体对中华民族传统文化的淡漠。同时，互联网上意识形态的冲突与斗争、渗透与反渗透异常激烈，因此，为了防止网络社会消解中华民族的文化身份，高校必须加强中华民族的优秀文化教育，继承和发扬我国良好的传统情操和高尚的民族道德品质，同时吸收利用人类文明的一切优秀成果，为网络行为主体的健康成长、成才提供丰富的精神食粮。

（六）强化网络立法规范和保障

自互联网诞生以来，网络世界里的不道德行为、犯罪行为就成为网络发展的伴生物。网络犯罪具有蔓延迅速、范围广、隐蔽性强、社会危害性大等特点，已经成为网络社会的一颗毒瘤。因此，国家在加强网络社会行为主体道德教育的同时，必须推动网络立法工作，加强网络立法保障，对那些自我控制力较弱、自我表现欲望强烈、模仿能力强、法治观念淡薄的行为主体的网络犯罪行为进行强制规范，预防行为主体的网络犯罪，同时利用网络立法工作保护行为主体的个人隐私、人身安全、心理健康不受别人的侵害。

网络对我们来说不再是新鲜事物，但我们对网络思政教育的主要对象的青年群体与网络的研究还比较薄弱，我们在网上开展青年思政工作还处于起步阶段。网络社会的到来，互联网的飞速发展，给我们不断提出新的课题和新的任务。思政教育工作者只有勇于面对新课题，解决新问题，探索新方法，才能促进网络社会人的虚拟行为的正确引导。

第三节　现代思政教育文化实践路径发展

思政教育文化涵养是按照其最高的价值目标和理想来影响教育对象的思想观念、政治观点、道德规范的社会实践活动，对社会现实文化进行分析综合，通过政治文化、思想文化和道德文化路径，以引导和保证社会文化向健康方向发展。思政教育文化涵养实践应该用人类累积的具有永恒价值的文化成果灌输于人的心灵，以培养人的文化涵养，使人们形成符合一定社会所要求的思想品德的社会实践活动。但在现实中，这种教育理念并没有在思政教育实践中得到回应。遗憾的是，现实中的思政教育仍然存在照本宣科的现象，一味地强调个人对一定阶级社会的认同和服从，忽视或淡化了培育人的主体性和文化涵养，这些都与思政教育实践活动应然的文化旨趣相去甚远。要将现实中思政教育文化涵养实践贫瘠的实然状态转变为思政教育文化品质丰厚的应然状态，首要依赖于思政教育文化涵养实践路径的发展。

一、文化哲学视域下人的存在方式

文化哲学视域下人的存在方式就是从文化的角度，来阐释文化对人的作用。文化分为广义文化和狭义文化，从广义来说，是指在人类社会历史实践过程中所创造的物质财富和精神财富的总和。从狭义来说，是指社会的意识形态以及与之相适应的制度和组织机构。文化总是既作为人类在人本身的自然及外部自然的基础上，在社会活动中创造并保存的内容之总和而存在，又总是作为一种活生生的创作活动而演化。文化是人类在处理人和世界关系中所采取的精神活动与实践活动的方式及其所创造出来的物质和精神成果的总和，是活动方式与活动成果的辩证统一。从广义角度说，文化既是一个动态创造过程，又是活动既定成果，二者之间是辩证统一的关系。

文化的动态创造是一个包含人的自我完善、自我发展、自我改造的过程。从过程的意义上看，文化不仅是一种在人本身自然和身外自然的基础上不断创造的过程，而且是一种对人本身的自然和身外自然不断加以改造，使人不断从动物状态中提升出来的过程。在这个无限的过程中，作为基础的人本身的自然和身外自然也不断地得到改造。从人类社会活动所创造的成果的意义上，文化是文，还不是文化。只有考虑到这些成果同时还意味对人自身的改造才是文化。概括来讲，文化理解为是一种包含着价值追求人的存在方式，从根本上讲是人的实践活动和思维方式的一种表现，它是内化于人的实践活动中并"历史地凝结而成的稳定的生存方式"。从起源的角度来看，文化发展过程是"人化"的过程，也是人的主体性或本质的对象化过程。从功能的角度来看，文化具有"化人"、培养塑造人的功能。在内容上，文化既包括物质文化，也包括精神文化和制度文化。从上面的分析可以看出人和文化关系是相互依存、相互作用、相互规制的。文化决定了人的本质，人是文化的存在，受文化的规制，人与文化是辩证存在的，二者不可分割。

(一) 文化决定了人的本质

人的社会性本质是人之为人而区别于其他动物的最根本标志。文化决定人的本质，文化是人的本质的依据和基础，有怎样的文化就有怎样的人的本质。不能离开文化去理解人的本质。

人的社会属性是人之为人的内在的质的规定性，人的本质与文化相联系，文化决定了人的本质。

马克思主义哲学认为，"人的本质并不是单个人所固有的抽象物。在其现实性上它是一切社会关系的总和"。在这里，马克思强调，人既具有自然属性，也具有社会和思维属性，而人的本质在于它的社会属性，把人的本质归结为"一切社会关系的总和"。人的本质发展的历史就是不断创造物质文化和精神文化的历史，在这种物质和精神文化的创造过程中，一方面，人不断获得自我实现、自我解放的能力和手段；另一方面，人又不断受他所创造的文化环境的影响和制约。"人就是在这种不断的文化创造的革命实践过程中自我完善，从而在历史和现实中取得统一"。由此可以看出，马克思关于人的本质问题的论述不在于人的自然属性和思维属性，而是标志社会属性的文化性质。可见，文化决定了人的本质，人既是文化的创造者，又是文化的创造物。

另外，文化与人的本质关系还表现在文化是人的本质形成的前提和基础。

现实的人都生活在三个世界，即自然生物世界、个体经验心理世界和历史形成的现实世界之中。这三个世界并非直接是人的本质，但人的本质却是从这三个世界中形成的，或者说人的本质是从这三个世界中提升、变换出来的，而提升、变换的过程是文化促成的。当人类还处于蒙昧、未开化状态的时候，人本身及生存活动只是自然生物世界中一个组成部分，自然界的一个属种而已。可当人类在劳动实践创造了文化以后，通过创造性劳动使"自然界表现为他的作品和他的现实"。所以，从人和现实生活的三个世界的关系角度看，"人创造了有意义的文化世界，同时也创造了自己的本质"。也就是说，劳动创造了人，创造了人的本质。总之，人的本质是文化的创造物。

（二）文化塑造了个体人格

"人格脱离了人，自然就是一个抽象，但是人也只有在自己的类存在中，只有作为人们，才能是人格的现实的理念"。人格是人的文化主体性在个体身上的一种集中表现，人只有具备独立人格才能成为真正的文化主体，不同的人有不同的人格，即使在同样的文化环境中也存在人格上的明显差异。因而，客观上总是存在人格个体的差异性。人格是个人对特定文化的内化的结果。人格就是每个带有特殊生物遗传特征的个人所经历的文化教化的产物。每个人都不是纯粹自然的生物个体，他出生就有一个先在的文化世界，自觉或不自觉地要接受文化世界的文化教化，而人格就是在先天生理和心理基础上通过后天的文化教化而塑造成的。

（三）文化规制人的行为

文化作为历史地凝结成的生存方式，从本质上讲，体现着人对自然和本能的超越，体现着人对自然原本没有的东西的创造，体现着人的自由的本质。但是，文化还具有群体性和强制性的特征，即是说，文化是历史地积淀下来的被群体所共同遵循或认可的共同的行为模式，它对个体的行为具有给定性或强制性。因此，文化对人的行为具有规制作用，使人有效地适应人际关系和环境而成为具有社会性的人。人的行为在一定程度上打上了文化的"烙印"，也内化为人的文化自觉。人的行为不仅受意识支配，也受人的先天自然生理欲望以及后天物质文化、精神文化需要所影响，但人的先天自然生理欲望不是动物式的纯粹本能活动，人的行为是一种内含文化的。人类进化的过程就是人的自然属性逐渐被文化化了的过程，人与动物的需要区别就在于人的需要是一种文化上的需要，而动物的需要只是本能生理的需要。可见，人是一种自然的文化存在，但人不是自然属性和文化属性的简单叠加，而是自然属性中渗透着文化属性，文化属性中蕴含着自然属性。因而，决定人的行为的就不可能是纯粹的自然生理欲望或外部生存环境刺激，文化规制了人的行为。

通过上述分析可以看出，文化对人的行为有巨大的支配作用，但人们对此不以为然,文化对人的行为的支配作用是潜移默化的,是"润物细无声"的,文化对人的作用的特点具有不自觉性,但文化潜移默化地规制着主体的行为。

总而言之,人既是实践生成的,也是文化生成的,是一种在实践基础上的文化创造与文化生成,二者不可分割。我们知道,文化既是属人的东西,又是人的创造物,也就是说,文化既不是自然的东西,也不是绝对超自然的东西。我们理解人的文化存在,是从切合文化自身性质的东西出发,即从人自身的实践活动出发,是在文化哲学视域下,对人的存在的文化解读。

二、思政教育文化涵养实践路径的理论基础

思政教育实践是通过文化的方式关注人的发展,来体现其特有的文化关怀。事实证明,思政教育实践不可能脱离整体的文化发展环境条件,只有通过思政教育文化涵养实践路径去提升人的文化涵养,促进和实现人的全面发展。因此,思政教育实践与文化发展的关系是相辅相成的。

(一)人在本质上是一种文化的存在

实践属性是人的形成和发展的规定性,实践是人的本质的确证,表明了人既是实践的人,又是文化的人。在马克思看来,实践使人打破了自然人的局限,把人塑造成文化人。因此,"在一定意义上,实践的过程就是文化创造、生成和展开的过程,也就是创造、生成人自身的过程"。思政教育实践是沟通文化与人的纽带和桥梁,从根本上说,人是文化的创造者,文化是人的创造物,即人在本质上具有深刻的文化内涵,简言之,人类自我确证和解放的过程就是人类发展文化、习得文化的过程,这种人的本质的文化建构就构成了思政教育文化涵养实践路径价值取向的理论前提。

(二)思政教育具有自身独特的文化属性

思政教育实践是解决人的思想观点和政治立场问题从人出发构建在"人"基础之上的一项社会实践活动。教育就是人与文化互动的一种活动,教育也是一种文化。教育过程实质上就是文化"化人"的过程。思政教育文化涵养实践就是由教育者、受教育者、教育内容所构成的文化互动关系，这种互动关系最终表现为文化成果为受教育者所掌握，通过文化的教化和调控功能来培养受教育者积极向上的世界观、人生观和价值观，它所要解决的就是生活方式、价值观、思想道德的问题。

（三）文化本身蕴含着思政教育

马克思主义认为，文化始终是与人的活动联系在一起，人是文化存在物，人的社会特质实际上就是文化的特质，任何人的存在都在一定的文化中的存在，人正是通过文化去适应他们所处的外界环境。同时，文化是人创造物，是为了人的需要、通过人的创造性劳动而产生和发展的。著名国学大师张岱年先生认为，文化的实质性内涵是"人化"，即"人类主体通过社会实践活动，适应、利用、改造自然界客体而逐步实现自身价值观念的过程"。在这一过程中，文化自觉介入人的精神生活，潜移默化地影响并改变着人的价值取向和行为方式，从而促进人自身的发展。"人之一切文化生活，在一意义下皆可为道德生活之内容。于是道德生活即内在于人之一切文化生活中。"这些都足以表明，文化是以思想为载体的，思政教育实践以思想、道德提升和塑造人的思想道德素质，隐性地执行着思政教育的功能，文化本身蕴含着思政教育。

三、思政教育实践作为独特文化实践形态的具体表现

以上分析说明思政教育实践性与文化错综复杂的内在关系。分析两者的相关性并非要把两者混为一谈，把所有的文化说成是思想道德性的或者是政治性的，也不是把政治思想混同于文化的范畴，而是从思政教育的角度看文化的重要意义，在文化的发展中注重思政教育实践的引领作用。思政教育实践作为一种独特的实践文化形态表现为政治文化、思想文化和道德文化。

（一）思政教育实践是具有强烈意识形态性质的政治文化

政治文化要求社会成员接受社会政治规范，奠定阶级统治的社会基础

以维护基本政治秩序,对人们政治行为起着导向和制约的作用。政治文化核心问题是按照统治阶级的政治意识形态塑造社会成员的政治人格。它是在特定政治文化环境下进行的,又直接影响社会成员的政治心理和思想,是政治文化的实现方式。

(二)思政教育实践是引导人们实现正确价值取向的思想文化

思想文化是通过启发和引导对受教育者施加影响,以帮助教育对象树立正确的世界观、价值观、人生观和思维方式的文化,是对其进行正确的思想观点和思想方法培养的教育,引导人们实现正确的价值取向是思想文化最根本的内容。归根结底,思想文化为人们认识世界、改造世界提供根本的思想方法和思想武器,为思政教育政治文化、道德文化提供价值理念支撑和世界观、方法论基础。另外,思想文化是按照一定社会发展阶段的基本要求,针对受教育者的思想实际情况,使其端正思想观念、培养思想品德,形成正确的世界观、人生观和价值观,树立正确而坚定的政治理想和信念。所以说,思想文化是思政教育中引导人们实现正确价值取向的最经常、最普遍的教育。

(三)思政教育是规定人的行为规范和规则的道德文化实践

一般来说,道德作为人类行为和关系的一种最广泛有效的调节方式和规范系统,是在人类社会发展过程中实现的一个最鲜明的主体自觉性的表征。从这个意义上说,道德对人本身就具有一种最伟大的价值,因为它提高人的地位,使人的人格变得高尚,唤起和发展着人身上真正合乎文化本性的主体自觉性。道德使人在发挥主体自觉性时,不仅调整人们的相互关系,而且能够自我约束和监督自己的行为,内在确证自己的行为,决定自己的行为目标和方向。它的深远意义在于确保人类文化世界与政治、经济世界的完整和统一。当然,我们这里所说的道德,是指具有良善的根本性质的道德,既符合社会历史发展规律,又反映社会进步和人的自由全面发展需要的道德,而不是虚伪道德和空洞抽象的说教式道德。

对于思政教育来说,思政教育本身就是一种文化形态,是一种特殊的文化实践形态。在思政教育实践的整个过程中,政治信念的培养、思想品德的形成、行为方式的规范化除了要遵循教育的规律外，还要遵循文化发展的一般规律、人的心理活动的规律和人的认知规律。社会转型期，思政教育实践不再是单一的教育与灌输，而是一种文化的传承过程，是实现人的自由而全面发展的必要途径。

第四节 现代思政教育实践性的路径拓展

一、思政教育实践向宏观领域的拓展

（一）思政教育实践在国内领域的拓展
1. 思政教育实践在国内领域拓展的必要性

在新时期，思政教育实践在国内领域的拓展是指思政教育必须坚持社会主义现代化建设的政治方向，以坚持并不断丰富和完善社会主义核心价值体系，作为思政教育的主题。从趋势上看，思政教育实践在国内领域拓展包括，在开放条件下面向社会主义制度的完善、在现代化建设中面向民生发展、在竞争条件下面向民族未来、在纷繁复杂的条件下面向人民群众的心理、在科学发展观指导下面向生态环境文明、在信息化大时代背景下面向网络世界和虚拟世界。因此，一方面，思政教育实践在新时期必须实现其理想信念教育功能，帮助树立正确的世界观、人生观和价值观；实现其民族精神教育功能，引导增强民族自尊心、自信心和自豪感，实现其公民道德教育功能，促使养成良好的道德品质和文明行为，实现其素质教育功能，促进思想道德素质、科学文化素质和健康素质协调发展。有效的思政教育必须统筹兼顾各内涵要素，全面整体推进。另一方面，思政教育实践在时期必须同各行业经营活动、社会经济发展、各方面管理建设工作广泛交融，并牢固扎根于现代社会活动中，坚持将思政教育贯穿解决社会和个人发展中遇到的实际问题，促进社会文明整体不断全面发展。这种新时期思政实践功能既分化又组合、既建构又解构的同时实现，这种高度竞争环境中的思政教育与社会实践既相互作用，又彼此独立的状况，是现代思政教育实践所不容回避的，也是必须解决的。

2. 思政教育实践在国内领域的拓展的基本原则和内容

（1）实现思政教育实践的观念更新

第一，要坚持改革开放的观念。党的十一届三中全会以来，改革开放政策有效地促进了我国现代化建设，推进中国特色社会主义事业的发展，不改革就没有出路已成为大多数中国人的共识。思政教育要发展，就必须坚持改革开放，引导人们树立全球意识、开放意识，提高在日益全球化的开放环境下的自主发展能力。现代社会是一个空前开放的社会。随着世界经济发展和区域经济一体化的发展，各国家的文化相互激荡，各领域和交叉学科相互渗透，极大地扩展了社会开放程度，提高人的社会化。思政教育实践面临着开放的大舞台，必须改变传统的教育观念和教育制度，建立先进的教育理念和开放的教育制度才能和现代社会的发展相一致。

第二，要坚持发展的观念。世界经济、文化、教育、科学、技术等各个方面都在激烈竞争中不断发展壮大，改革和竞争彻底地改变了传统的社会发展缓慢、低迷的形势，成为在现代社会发展的动力。在社会各领域快速、全面发展的新形势下，思政教育实践必须在竞争中不断改革，在改革中不断发展，完成为促进社会全面发展的使命。思政教育的发展，既要拓展新的领域，又要继承和弘扬传统，给传统以新活力，发展、创新，不断形成新的理论和方法。

第三，要坚持创新的观念。无论是在自然经济条件下，还是在计划经济体制下，思政教育实践都倾向于千篇一律，即统一的教育要求和评价标准，单一的教育内容和教育教学模式，这种简单的思政教育不适应社会主义市场经济的发展，也不适应信息社会的要求。现代社会的开放、竞争和发展，客观上使人们的自主性、选择性提高，为人们提供了一个有创造性的主观条件。因此，思政教育实践在现代不能再像过去只会注意传达、解释、理解，必须以马克思主义为指导，紧密结合现代社会、创造性地开展工作。思政教育实践领域拓展必须体现主导性与多样性相结合、先进性和广泛性的要求，才能呈现生动多彩的局面。思政教育要理论与实践相结合，有效地调动人们的主观能动性，最大限度地开发人的潜能和人力资源的培养。

第四，要体现时代精神。思政教育必须体现时代精神，反映自身在发展中所扮演的角色。思政教育内容只有真正体现了时代精神，才会显得活泼有力，培养高素质的人才。在"和平与发展"成为时代主题，"多极世界、全球化、信息化、市场化、改革开放、科学发展"成为时代特征的情况下，思政教育实践要体现科学精神和人文精神，民主精神和开放精神，体现"解放思想、实事求是、与时俱进、不断创新"的精神，体现"艰苦奋斗、注重效率、淡泊名利、无私奉献"精神，思政教育实践的内容，要从时代精神中汲取营养，如果忽视社会的发展、时代的进步，思政教育很难被受教育者所接受，很难收到好的教育效果。

（2）实现思政教育实践的体制创新

第一，要实现思政教育实践体系的现代化。思政教育体系，包括思政教育决策和管理制度、工作原理。首先，思政教育体系的现代化是决策机制、管理的民主化和科学化。教育决策、管理的民主化，是充分尊重、充分发挥人在决策机制、管理机制上的自主性和创造性，使更多的人关心思政教育。所以，思政教育在实践中要组织更多的人参与决策和管理，积极参与各种活动，思政教育实践是和人的全面发展和切身利益相结合的，只有经常倾听别人的意见，满足人们的发展提高的需要，才能保证思政教育决策和管理的科学性。与此同时，决策和管理要遵循科学，利用科学的方法，根据思政教育规律与经验，改变过去的传统方式，克服办事的主观性和盲目性，尽可能减少和避免决策和管理的错误。

第二，要实现思政教育实践内容的现代化。思政教育内容是最能体现和反映时代特点和前景的，选择什么教育内容非常重要。因此，思政教育内容的现代化，是整个思政教育实践的核心。中国特色社会主义理论体系是马克思主义理论的继承和发展，它反映了当代的时代特征为和平与发展党的执政规律、社会主义建设规律和深化的认识人类社会发展规律，具有鲜明的时代性、现代性。利用最新的马克思主义中国化的理论成果，能顺利解决现代社会条件下，思政教育实践方面的各种新情况和新问题。当然，我们在新形势下，也要继承传统的教育内容，这是继承和发展的需要。但在内容选择上我们不能以传统为主，更不能把当代马克思主义放到一边，只讲传统。传统必须为思政教育实践面临的新情况、新问题服务。

第三，要实现思政教育实践手段的现代化。传统的思政教育工作手段单一、方法单调、储存、加工和传输信息少，效率较低。这种情况与现状已经不适应，因此，改革教育手段，应用现代科学技术和消息技术是思政教育实践手段现代化的重要途径。

（二）思政教育实践向国际领域的拓展

1. 思政教育实践向国际领域拓展的必要性

坚持对外开放是我国的一项基本政策。对外开放引进西方科学技术和治理经验，为我国广大民众了解世界、增长知识、开阔视野提供了更加有利的条件。一方面，为了适应这一基本国策的需要，我们必须面向世界培养大批优秀合格人才。这样的人才不仅要具备参与全球化竞争的科技水平，也要具备面向世界的思想、政治、道德、心理和文化素质。面对各国文化差异与价值冲击，更加保有客观理智、科学发展的社会主义人生观和价值观投身于全球化经济、文化、科技、军事竞争，更加保有勇者无畏和自强不息的精神气节面对开放的社会环境和活跃的社会场所，更加保有健康心态和文明风范……这些全球化人才需要具备的素质的培养，都要求我们不断把思政教育实践向国际领域拓展。另一方面，新时期的思政教育实践要发展就不能"闭关锁国"，就必须不断研究其他国家，特别是西方发达国家思政方面的重大理论与实际问题，了解它们的文化特点和生活方式，把思政教育置放在一个更高更广泛的时空，通过比较、分析，引导人们掌握正确的思政观念。总之，思政教育要面向世界，已经成为发展趋势，进一步开展思政教育比较研究，建立比较思政教育学科分支势在必行。只有把思政教育实践的发展立足于本国发展的实际，同时着眼于全球，消除封闭狭隘心理，克服对思政教育的偏见、保守、轻视等无知偏见，才能有力推动思政教育整体水平不断提高和完善。

2. 思政教育实践向国际领域拓展的基本原则和内容

（1）要借鉴国际思政教育实践的先进经验

思政教育实践向国际领域拓展，我们必须首先加强国际意识，打破思政教育因不同社会意识形态无法接触和交流的思想障碍，增进理解与沟通和比较、鉴别、参考，吸收别人的有用的东西来发展自己。清醒认识思政教育实践正面临着国际挑战和竞争压力，增强忧患意识和危机意识，大胆地走向国际大舞台，加强教育交流和文化交流，在国际竞争中发展自己。同时必须维护社会主义意识形态的主导地位，坚持正确的立场、观点和方法。在面对国际化的发展过程中，坚持正确的原则，提高民族自尊心和自豪感，立于不败之地。

培养人才适应国际社会发展的能力。面对复杂的国际环境，思政教育实践要向国际领域拓展，就要培养适应国际社会发展能力的人才，培养年轻人才的分析推理能力，选择吸收能力，适应生存能力和自主发展能力。在激烈的国际竞争中，增强民族凝聚力，锻炼意志，学会适应。思政教育实践的国际发展，必须预防和抵制信仰危机、精神世界的庸俗化和道德沦丧，寻求感官享受等带来的各种不良颓废的现象。因此，思政教育实践的国际化应是充分利用、吸收积极因素的国际化，要防范和抵御各种负面影响。

（2）要坚持正确的"意识形态"，把握正确的政治方向

毫无疑问，经济全球化是当代社会影响重大而深远的，它触动、改变世界经济、政治、文化结构，构成了当代世界上的每一个国家，每一个国家和每个人发展的新环境，使这个世界成为社会和个人发展的基本走向现代化。在这样的背景下，思政教育实践在世界发展必须坚持走自己的道路。但是，在经济全球化过程中，西方发达国家打着"人权高于主权"的旗号，为发展中国家出口他们的价值观、推行文化霸权、干涉别国的内

政，造成了所谓的"文明冲突"。面对全球化带来的挑战，发展中国家，要维护国家的主权和独具特色的民族文化要弘扬主旋律，加强爱国主义、集体主义、社会主义教育，我们一方面积极参与经济全球化进程，另一方面强调维护社会主义国家安全和国家利益、主权。总之，面向国际，思政教育实践要坚持正确的"意识形态"，把握正确政治的方向。始终不渝地坚持和宣传四项基本原则，建设有中国特色社会主义的意义，抵御西方敌对势力对中国的"西化""分化"。总之，面向国际，思政教育实践要坚持正确的"意识形态"，把握正确的政治方向。

（3）要吸收和借鉴其他国家的先进文明成果与坚持民族特色相结合

实践证明，越是民族的，就越是世界的。思政教育亦然。思政教育在内容的定位、创新上，充分体现了中华民族的特点，我们必须认真研究在我国历史发展形成的优良传统中的道德观念和行为准则，并赋予其新的时代内容，中华民族优良道德传统应该在社会主义建设实践中形成新的道德典范。与此同时，大胆吸收和借鉴世界上其他国家的先进文明成果。思政教育实践必须坚持和加强中国传统文化教育。中华民族有自己的极富特色的优秀文化，包括"天人合一""己所不欲，勿施于人"的文化理念，已经成为当今世界解决人类生存和发展面临许多共同问题的重要武器。坚持和加强中国传统文化教育，不仅可以进一步发扬民族优秀文化，更重要的是可以增强民族的凝聚力，提升我国的综合国力和国家核心竞争力，这是经济繁荣、人民富裕的基本条件，也是在全球化进程中的一个基本前提。

二、思政教育实践向微观领域的拓展

思政教育实践的微观领域，是指思政教育实践主体的内心世界。如果说宏观领域旨在构建思政教育运行的宏大视野，微观领域则指涉及思政教育活动主体的知、情、意、信、行，二者构成思政教育运行的内外领域。另外，思政教育宏观领域的变化总会折射于主体的内心世界，引发主体知、情、意、信、行的变化，并通过主体的"行"作用于思政教育宏观领域。因此，微观领域理应成为思政教育时空发展的重要一维。而我国思政教育实践和哲学、教育学、心理学和伦理学等学科领域对人的内心的现代研究成果，为思政教育向微观领域发展提供了理论和实践基础。

（一）思政教育实践向心理研究领域拓展

1. 思政教育心理研究的意义

在全球化、现代化和社会主义改革实践的时空境遇下，各种现实因素的相互交织生成多元化的思想观念、价值意识和行为方式，这是现代社会"四个多样化"过程中的客观现象。这些思想和行为方式改变了传统社会场景的角色定位，模糊了不同角色和行为的界限，造成个体在不同角色的标准和规范的转换中失序，引发社会交往和心理冲突。因此，多元化的思想和行为方式"对冲"引发的心理危机被纳入思政教育视域中，要求思政教育积极介入个体的心理活动中，建立思政教育的心理研究、心理干预、心理诊断和心理咨询机制。现代社会的人们相比传统社会人们的创造力、社会心态、人际关系和心理承受能力都有了很大的差别。人们普遍认识到，一个人没有健康的内心世界难以在物质生产和科学和技术领域有很大发展。没有人类整体心理水平的提高和发展是难以成为真正意义上的社会的进步。所以，良好的心理素质在未来人才素质中的重要地位已经被称作世界教育的普遍共识。

2. 思政教育心理研究的个体原因

思政教育活动所诉求的个体思想内化与外化过程不是依靠传统的外部灌输，而是建立在个体心理基础上的知、情、意、行的运动过程，忽视了个体基于心理而引发的思想品德运动变化阶段，思政教育将陷入"美德袋"和"道德篓子"模式的困境。柯尔伯格的"道德认知发展的六个阶段"、霍夫曼的"移情的道德"都充分展示了心理机制在个体道德养成和发展中的重要性。因此，思政教育理应向个体心理层面拓展，以提高思想道德教育主体生成的有效性。思政教育是针对受教育者的思想活动进行教育，而受教育者的思维活动规律是和心理活动紧密相关的。传统的思政教育忽视受教育者的心理需求和发展需求，忽视人的心理素质对政治素质的影响，很难使受教育者产生共鸣。教育效果总是不够理想。所以，思政教育与心理健康教育结合可以提高思政教育工作的科技含量,提高教育的实效。在思政教育积极介入个体内心世界的过程中,要建立思政教育心理研究的范畴和分析框架,借鉴心理学的理论和方法建构基于思政教育的模式和方法,建立心理健康教育与思政教育相结合的机制,用思政教育的理论与方法整合心理咨询、心理诊断、心理干预等。

3. 思政教育与心理研究的一致性

传统社会关心的是对个人的政治思想和行为的要求,忽视受教育者的心理需求。其实,思政教育理念内在地包含心理健康教育的内容,两者具有内在的一致性。一是教育的目的都是要树立人的正确的世界观、人生观和价值观,充分挖掘自身潜力,培养良好的综合能力,为祖国的建设打下了坚实的基础。二是教育过程通常是一致的,都要经历相互联系、密不可分的知、情、意、行四个阶段,即教育者对受教育者"晓之以理,动之以情"。三是它们都是有关理想、意志、性格和教育的活动。因为信仰上的崇高理想,坚强的意志不仅可以使人们有一个良好的政治素质、思想素质,还可使人具有良好的心理素质。四是二者是相互联系、相互促进的。思政教育是心理健康教育坚持正确方向的保证,心理健康教育是思政教育不可缺少的内容,是进行思政教育的切入点和起始点,心理健康教育更贴近受教育者的生活,注重受教育者情绪调适、人际关系、应对挫折的态度等,尤其是在对受教育者个性和健康情感的培养等方面具有不可替代的作用。

4. 思政教育与心理研究的差异性

要防止思政教育被泛化为"社会心理研究"和西式的心理咨询。在这一过程中,应避免心理咨询无关价值指涉和价值中立,而与思政教育价值介入相冲突的认识误区。这在于心理困境往往是因自我价值观念与外界"对冲"而导致情感、情绪上的失衡,当咨询人员用经过科学研讨所形成的基本价值观念帮助咨询者摆脱心理困扰时,已经蕴含着摆脱自我价值认识的局限性。因此,在建构基于思政教育的发展性心理咨询模式和方法时,理应把社会主导的价值观积极介入心理咨询中,帮助个体澄清价值追求和心理困境。

思政教育与心理健康教育有以下区别：

一是工作原理差异。思政工作者首先必须具有正确的世界观、人生观、价值观，并作为教育的主要内容。心理健康教育则不为当事人作价值判断，而且强调为当事人心态保守秘密。

二是理论基础差异。思政教育属于社会意识形态领域和范畴，以马克思主义哲学、政治学、伦理学等作为理论基础，吸收众多社会科学成果，具有鲜明的阶级性。心理学和心理健康教育以医疗、心理学、教育学等方面的理论为基础，其理论体系主要包括普通心理学、发展心理学、社会心理学、心理诊断、心理治疗和心理行为科学等。这些理论相当一部分不属于社会的意识形态。

三是任务差异。思政教育注重受教育者思想层面上，聚焦在如何提高其思政觉悟和思想道德品质，强调理想信念，遵章守纪、社会道德等方面。心理健康教育注重受教育者心理健康水平，从受教育者的心理特征出发培养其具有良好的心理品质，强调人个性的和谐，潜能开发以及人格健康等。

四是工作动机和方法的差异。思政教育的动力来自教育者、受教育者一般不主动积极寻求帮助，工作方式主要依赖于报告讲座、宣传、推荐表彰等，具有公共性、群众性、组织性等特点。心理健康教育则通过个别咨询、团体辅导等方式，普及心理健康知识，提高受众对心理疾病预防和理解。心理辅导手段主要是个体接待、咨询对象往往在自愿的基础上对咨询机构寻求帮助，动机产生于咨询对象自己，而且通常可以积极配合心理医生，从而产生较好的效果。

五是对工作人员要求的差异。思政教育队伍，除了思政工作的专职人员，其他如管理干部、教师、工会干部、妇女干部等都有思政工作的责任和义务。心理健康教育（尤其是心理咨询）的工作人员必须经过专门训练，而没有受过专门训练的人员从事心理咨询，非但不会解决人的心理问题，还可能引起新的心理伤害。

5. 思政教育心理研究的方法与策略

随着观念的变革，在现实生活中，心理健康教育已逐步进入现代思政教育实践领域，有相当多思政教育工作者已经从事心理健康教育工作。他们充分了解心理健康教育的功能，懂得心理教育的原则和方法，增强了思政教育科学性和实效性。而且在长期的思政教育实践中，已形成了一套比较完整的科学原理和有效方法。这些原理和方法都是符合客观规律与人们的心理活动规律的。在实践中，思政教育心理研究的方法与策略应注意以下几点：

一是注重教育内容和目标的有机结合。传统的思政教育手段单一，实际效果不理想。思政工作者应该从心理健康教育方面获得新知识和新方法，提高解决实际问题的能力。帮助受教育者心理健康、顺利成长，也为接受思政教育活动创造一个良好的心理条件。

二是教育方法和手段有机结合。思政教育活动要改变过去盲目的"填鸭式"教育方式，更多地借鉴心理健康教育的方法和手段，尤其是心理健康教育广泛使用的心理测验、心理辅导等手段。思政教育要充分理解受教育者的心理特点、气质类型、品德和能力等，使工作更符合实际，从而取得更好的效果。

三是教育队伍的有机结合。思政教育工作者主要包括管理干部、思政理论课教师等。心理健康教育队伍主要包括心理学专业教师、医务人员等。思政教育人员要进一步掌握心理学基础知识、学习心理健康、心理咨询知识，了解受教育者的思想、心理行为，发现其心理障碍，有针对性地提供协助。与此同时，两支队伍要经常在一起交流情况，分析现有的受教育者的思想和心理问题，提出改进教育的方法，进一步加强和改进思政教育工作。

（二）思政教育实践向接受研究领域拓展

1. 思政教育接受研究的意义

思政教育接受研究，旨在展示受教育者认同社会主导思想并进行思想行为转化的活动过程。在这一过程中，思政教育接受的动力、规律和模式都涉及主体的内心。因此，它成为思政教育向微观领域发展的重要内容。思政教育接受的动力是基于主体内在需要与外部刺激的统一。传统的思政教育接受把外界刺激归结于动力生成的唯一因素，忽视作为"原动力"的主体需要，从而导致"道德篓子"的单一外部灌输。马斯洛的需要层次理论就把人的思想和行为转化的动力归于不同层次需要的运动。虽然这一理论忽视了个人需要与社会需要的统一，但它展示了个体需要与行为动机生成之间的关联性。因此，思政教育接受动力的发展，首先是激发、调动个体内在需要，并与外部引导相协调。如在文学欣赏理论中，"期待视野"是接受美学理论一个非常重要的概念，就是指在文学欣赏活动中，读者的文学接受的经验、综合素质和文学作品欣赏水平形成了一种潜在的审美期待。而人们期待视野会因人而异，因时代的发展不断变化。所以，在阅读中读者的需要和作品成为一种重要的融合。思政教育也如此，要注重提高教育者与受教育者之间的双向互动的过程，从而使思政教育活动达到更好的效果。

2. 影响受教育者思政教育接受因素分析

（1）受教育者需要对思政教育接受的影响

在实践中，忽视人的个性，主要表现在教育内容、过于强调一致性、统一性和理想化的目标要求，忽略了针对不同群体、不同个人的思政教育，缺乏针对性和实效性，使受教育者难以接受。其次，多元性是现代社会的显著特征，多元化的现代社会里人们具有选择的自由，也加大了正确选择的难度，与此同时，在现代社会，俨然有别于传统的社会。在现代社会条件下，受教育者面临激烈的竞争，产生了许多新的问题，如就业、社会交往、婚姻问题和生活压力问题等，他们迫切需要在接受思政教育中帮助他们解决这些问题。而当思政教育无法满足这些需要时，受教育者就会认为思政教育没有任何价值，甚至对思政教育产生抵抗。所以无法满足受教育者的需要的思政教育必然被冷落。因此，关注和研究受教育者的需要，应该成为思政教育的重要维度。教育者必须用心去分析和研究受教育者教育的需求及特点，他们需要什么东西、需要到何种程度、为什么需要，以及通过何种途径与方法去满足。教育者还要善于营造良好的教育氛围去引导受教育者的需要，从低层次向高层次、从个人的需要到结合社会发展的需要方向发展。所以，研究受教育者的需要和特点，其实质是要确保制定可行、适应受教育者实际需要的教学内容，并选择灵活、生动的教学方法和手段。

另外，传统的思政教育工作，过于强调人的精神属性，会有意识或无意识地忽略了人的自然需要和生理需要，脱离社会现实和人们的思想状况，具有过于理想化，不切实际的特点。当然，在一定的社会物质生产条件下，生产力发展水平是有限的。但吃穿住行是人的基本需要，每个人都必须在此基础上活下去，才谈得上发展。必须把受教育者的精神需要和物质需求、物质利益联系在一起。

（2）受教育者理性因素对思政教育接受的影响

思政教育接受过程的核心是主体认同。这是以价值认同为导向、利益认同和心理认同为基础形成的理性认同过程。思政教育仍旧存在重视传统理论的灌输，轻诱导，重遵守社会规范，轻视个人自由发展的现象。

思政教育个体接受的实现，是要使思政教育思想包括政治、道德等成为受教育者的接受和内化的某种深刻的和稳定的心理结构，形成一个真正的心理和个体意识（知觉）和行为。受教育者在社会实践过程中，会接触到各种思政教育（包括思想上、政治上和道德上）的信息，这些信息引起人们感官上的反应，这是感觉阶段。在此基础上，进一步分析、理解概念、价值观、道德内涵和它的社会价值，形成新的思想认识，这是分析阶段。在已经获得的一种新的思想认识的基础上，将社会要求受教育者所应具有的思想、政治观点、道德准则和他们自己的思政素质作比较，进行判断、筛选、验收阶段，这是一种选择过程。在这个过程中，受教育者不是被动的。受教育者必须用理性审视自己的动机、愿望、需求和意图，根据自身的知识、能力、情感意识对思政教育的信息筛选、吸收、加工、改造，并通过把社会的需求转化成内心的需要，并在实践中有意识地付诸行动，使它变成正确的为本身有用的东西。在选择过程中，受适应教育者思想结构特点、思政素质的内容将被同化、吸收，但不符合结构特点的思政素质，将会产生矛盾运动，或被吸收，或被拒斥，或者感到怀疑。因此，教育工作者传授的思想道德观念有多少能被受教育者接受，不仅取决于教育者主体性的发挥程度，更重要的是取决于受教育者主体性的发挥程度。

（3）受教育者非理性因素对思政教育接受的影响

另外，传统的思政教育接受倾向于把主体归结于理性思维能力，而忽视了主体心理运动和情感因素，这也有其片面性。这在于：主体认同过程是理性思维和非理性因素相互交织的过程，它们共同建构主体的精神世界，而个人完整的精神世界不但包括概念、判断、推理等理性成分，还包括本能、需要、动机、情绪、情感、想象、幻想、直觉、灵感、信仰等非理性成分，非理性成分与生俱来。因此，思政教育接受需要重视非理性因素在这一过程中的选择、动力和诱导作用，培育主体的心理相容。

如在审美教育中就充分体现了非理性因素的作用。审美教育能提高人们欣赏自然美、社会美和艺术的审美和创造能力。它能够陶冶情操，改善人们的生活情趣，使人们在思想和感情上全面健康地成长。审美教育可以使受教育者乐于接受教育，在潜移默化中不知不觉地受到美的熏陶，培养高尚的审美情趣，获得精神上的满足与愉悦。同样地，思政教育也必须注重建立一个良好的教育氛围，强调环境熏陶的作用。尤其是在学校，特别是要注重加强校风建设。在培育环境过程中应重视构建人性化的氛围，实施人性化管理，以丰富多彩的校园文化活动为载体，开展有趣、受欢迎的方式，使大学生思政教育工作走进学生的学习和生活，为学生身心健康和全面发展服务。

3. 增强受教育者思政教育接受效果的策略

（1）教育者与受教育者个人情感的沟通

情感是人类社会发展的高级心理因素，在学习与生活中扮演重要角色，对个人和集体来说，是强有力的推动力量和凝聚力。没有"人的感情"，从来没有也不可能有人对真理的追求。人的感情经历影响着人们的理解和个人的行为和思政取向、价值观。因此，思政教育应满足个人的感情的需求，了解人的情绪情感倾向和状态，在教育过程中，用尊重人、关心人，激发和培养人的积极情感，克服受教育者的消极情绪，在激烈的社会竞争中，人们会遇到越来越多的挫折，如果心理软弱等，将会产生强烈的思想问题。这更需要思政工作者用爱来关爱受教育者，用真诚去感染受教育者，只有用这种方法思政教育工作者才能不断提高思政教育工作的吸引力和感染力以及有效性和针对性。要通过思政教育，提高人的意识，使人具有坚韧不拔的毅力，克服困难和障碍，实现预定目标，达到思政教育的效果。

（2）教育者对受教育者应有尊重意识

现代思政教育不是简单的"管、卡、压"，是对人性的尊重。要尊重人们的个性差异，让每个人都能突破自我的局限性。尊重的需要，是人的高水平的需要。教育心理学研究发现，当一个人感觉爱和尊重别人时，将会产生积极的归属感，表现为短暂的狂喜和巨大的幸福和快乐。人的本质中最迫切的要求是被肯定。因此，理解和关心人的情感是激励士气的有效途径。要理解、相信、赞赏受教育者，在情感上尊重、关心教育者。在行为上鼓励、帮助他们。为受教育者的成长创造一个愉快的氛围，让教育者们常常体验成功和幸福。在这个意义上，人性化管理也是一种情感管理。作为思政工作者，要采取换位思考，从受教育者的角度，加强尊重意识。

另外，积极的思政教育管理过程中，受教育者也是权利主体，他们有权提出了建议和要求，有权接受或拒绝。所以，思政教育必须尊重受教育者的主观感受，保证受教育者合法权益。当然，受教育者的主观感受和决策，并不总是正确的，这要求教育者在尊重他们的同时，也必须进行科学的解释和指导，使其能接受管理。因此，教育者应该鼓励和引导受教育者自觉积极参加各项工作，加强自律。

教育者要强化服务意识，就是要求我们在教育过程中服务育人、管理育人。只有不断强化服务意识，让受教育者真的感到我们所做的一切，是为他们服务，与他们的切身利益密切相关，自觉接受教育，从而提高思政教育有效性。

4. 思政教育接受的模式

（1）转变传统的单项模式为双向模式

传统的思政教育接受模式是单一主体与客体之间的"灌输—接受"构架，它容易导致受教育者的依附性、与教育者之间的紧张关系。在全球化、现代化的时空境遇下，个体的交往主体性得以生成和强化，这要求思政教育接受向主体—客体—主体的构架转变，建立以交往实践为基础的主体互动模式，在主体的共同参与、理解、交流中实现主体认同。接受美学建议读者参与工作，充分发挥读者的主动性。只有通过接受者的参与，简单的接受将变成关键的理解、一种被动可以转化为积极的接受。

在过去，我们的思政教育工作把教育者当导游，灌输理论是单向的，是空的布道，效果不佳，没有深刻认识到受教育者"参与"教育活动的重要性，在新时期，要转变传统单向的灌输。传统的灌输更是教育者与受教育者的地位不平等的表现，即教育者单方面主体性活跃，受教育者是被动的。教育者是主体，教育者是被改造的教学目标，变单向灌输为双向的互动关系，除了教育者因素和努力之外，受教育者因素和努力也非常重要，互动的实现在很大程度上是受教育者主体性，教育者、受教育者在人格上是一样的，各自独立、平等，两个独立人格只是平等对话的主体之间的关系，而不是强迫的关系。

总之，思政教育在现代，教育者与受教育者之间的关系是平等互动的关系。这就是说，在思政教育活动中，教育者和教育对象完全平等。他们不是主导和支配、控制和被控制的关系，这是一种有别于传统的思政教育的教育者与受教育者之间的双向互动的关系。双方平等是双向互动关系的基础和保证，这种平等互动的关系，是思政教育现代化的重要标志。

思政教育在特定目标的实现或内容的输出方面，应注重强调某种特殊的接受情况或情感氛围，激励人们的心理需要，并根据受教育者心理特点、兴趣、情感、需要选择思政教育工作的方法，从而突破传统的"主—客"模式，突出受教育者的参与。当前，受教育者的主体意识和参与度越来越强，我们应积极在教学过程中，充分适应这种变化，使受教育者可以自由地表达他们的理解、经验、要求和建议,并认可和优化其主体地位。简言之,思政教育活动改变过去单纯灌输的教育方式、发挥更微妙的作用,从而有利于教育内容的接受和内化。

(2) 建立思政教育接受的生活实践模式

思政教育是一项实践性很强的活动,它诞生于实践,其价值表现在实践中。个体的思想性格形成除了知、情、意等心理因素参与外,还需要在实践中得到确认。实践证明只有正确的信息,个人才能真正内化为自己的固定的心理品质和个性特征。可见,实践在人的认识中扮演着一个重要的角色。如果没有实践,思政教育很难实现。因为人的思想道德素质是在人与人、人与社会、人与自然的互动中形成和发展的,为了更好地实现思政教育的效果,必须重视实践的作用。

和传统的思政教育相比,现代教育提倡教育者在人类的交往中,在现实的社会关系,在教学、工作、研究活动中,受教育者通过自己的思想矛盾运动形成正确的意识和道德意识。该理论认为,游戏、学习和社会公益劳动、通信等活动是意识和人格的决定性因素,也是内部和外部沟通的基础。事实上,促进活动和交往不仅是人的思想品德形成的基础,也是人的道德观念检验的地方。因为一个人的思想品德形成于活动和交往,并在活动和交往中表现出来,通过实践检验,形成和发展的思想品德是为了更好地适应和参与社会活动,接触和创造一个全新的生活环境和生活方式,所以,思政教育的现代社会组织的活动和交往是有效的教育形式。

三、思政教育实践向未来领域的拓展

思政教育只有立足于当前现状,早日着眼于未来发展,探索适用未来领域的理论与方法,才能不断满足整体国家、社会和个人的科学发展需要,才能更加注重代内平衡与代际平衡。与此同时,思政教育的工作实质,是通过当下教育主体的教育过程促进教育客体在未来的科学发展。这一教育过程时刻秉承着为未来培养优秀人才的任务,它的一个突出作用就是导向,即以正确的思想观念指导人们应对并从事科学的实践活动。因而，思政教育应当具有超前性和预防性。这一特性，要求思政教育必须摒弃落后保守，面向未来。

(一) 思政教育实践的预测和决策特点

新时期进行思政教育实践，与过去明显不同之处在于更加具有自主性与创造性；同时其实践的整个过程也面临着机遇与风险、成效与无效（负效）、顺利发展与停滞甚至倒退。为更多规避风险，主动把握机会进而取得成效，思政教育实践必须面向未来，进行科学预测和决策。通过预测，尽可能把握未来发展的趋势，降低风险，把握机遇通过决策，制订正确计划，规范未来实施行为，把握主动权。可以说，现代社会，思政教育实践的科学预测与决策，是不断促进教育由经验走向科学的重要标志，是争取教育实践主动并取得成效的前提。

1. 思政教育实践立足于现实，兼顾面向未来

思政教育实践把现实的社会和现实的人作为根本，确定现实客观条件和人们主观认识水平并以此为出发点，合理找出教育的切入点，进而开展针对性教育活动。这一实践时刻要求从实际出发，时刻坚持理论联系实际。对客观现实和人们主观认知水平的合理定位，对切入点高低的合理把握，科学设定教育活动的针对性，是开展好思政教育实践的前提，也是实现思政教育超越的基础。

思政教育要立足于客观实际，但绝不是满足于实际，拘泥于实际，更不是要把现实社会和现实人群复制或摹写出来，简单而重复地维护社会现状，保守现存的思想水平与认识能力，而是要着眼于未来，着眼于未来的发展和目标的实现，进而改变社会现实，推动社会前进，提升人们的思想道德素质，培养出有用人才，实现对现实社会和现实人的超越。所以，思政教育实践不仅要依据过去和现在的客观现实开展，还要着眼于未来，即由合理超越现实的目标所定位。只有使这一活动尽可能快地引导人们超越现实的思想水平，达成新的境界目标，成为未来社会所需要的人，才能实现其超越性本质。

2. 思政教育实践解决现实问题，同时具有先导作用

思政教育实践解决人们的实际思想问题要讲求针对性，不能只讲空洞的道理和抽象的概念。而解决现实问题包括就事论事和超越式的解决两种方式。就事论事的解决，使人们思想和认识水平可能原地踏步，作用不明显，或是某一个具体问题得到解决而其他类似问题可能仍然存在或还会出现。而超越式的解决，就是超越事物和认识的现状，使人们的思想和认识得以提升。众所周知，教育的实质就是要使人们的思想认识超越现有水平，否则，教育没有价值。同时，思政教育实践不仅要解决现有的思想矛盾和已经存在的具体问题，更重要的是通过实践环节把积极因素充分发挥出来，引导、提升人的思想和认识达到更高程度，进而有效预防可能发生的问题和挫折。如果这一教育活动受已存在的具体问题所困，或是即使开展了教育活动也好似"按下葫芦瓢又起"，那就显得消极被动而不符合思政教育的本质属性。尤其是在日益发展的现代时期，思政教育实践不仅要着眼于关注人们生产生活的现状，更要关注人们在未来可能应对的前瞻性问题。纷繁复杂的现代社会，以其复杂性、变更性、竞争性、发展性使每个个体随时面临多种选择、多重风险和诸多思想方面的实际困扰，人们必须不断消除对未来发展的无知，探求新知以避免挫折和失败。思政教育必须对人们的发展进行有效引导，实施符合客观规律的预测和指引，帮助更多的人更快找到解决问题的捷径，更好地寻求解决问题的有效办法，这在现代社会日显重要。因此，思政教育实践既要有现实的针对性，更要有前瞻性、先导性。先导性、超越性是思政教育的本质特征。

（二）思政教育实践促进个人面向未来的顺利发展

思政教育实践尽管不能代替人们在经济、业务方面的研判与决策，但作为意识形态与社会生产生活的有效结合，应当引导人们着眼于未来，增强预测与决策的自觉性，进而对未来发展趋势有清晰的认识，学会把握机会，规避风险，避免偶然因素和不道德行为的干扰冲击，合理把握单位和自己的发展方向。同时，这一实践活动还要帮助人们掌握科学的预测和决策方法，克服教条主义和盲目思想，防止因复杂环境影响和不利因素导致

教育活动向宗教、迷信等倾向蔓延。

1. 思政教育促进人们增强预测与决策的自觉性

人们在现代化进程中的机遇与风险，一方面来自社会现代化进程中的机遇与风险；另一方面来自人自身。人的适应性、创造性越强，证明抓住和利用机遇的频率越高，排除风险的能力越强，否则，就会坐失良机，频遭风险袭击。在当代社会条件下，人的主观因素在发展过程中的作用，在很大程度上是及时抓住机遇发展自己和随时排除风险争取发展主动。风险的随机性、危险性特点和主体的发展性、超越性要求的矛盾，决定了现代人要求发展和完善自身的预测防御能力。风险可能给主体带来发展障碍、损害，妨碍主体发展目标的实现，甚至使主体陷于困境与绝境。所以，只有通过思政教育科学预测未来，才能积极应对未来可能出现的不利局面，采取合理行动方案，争取发展主动，这正是人的本质的体现。人与动物根本不同，他试图打破一切外在事物以及自身对他的存在和发展的种种限制，他希求对生命存在的定在性和有限性的超越，他关切对生存意义和价值的形而上思考，他期待应然化理想化的可能世界的未来实现。当可能性伤害和人类应然化的理想未来发生冲突时，需要人类在认知风险现象上具有前瞻性。所谓"凡是预则立，不预则废"的至理名言，从更深层次上看，揭示了预测预防，是根据主体的目的性和可能性要求对未来状况进行的超前性价值判断，它反映了人类的价值需求，是人类本质力量的体现。因而，思政教育作为一种预见性的认知活动，就是要把客体自身自我发展的可能性与主体对他的发展要求结合起来，在观念中形成一种人所需要的理想客体，并用这种理想的观念客体来规范、调整、组织现实的客体，为人的有目的实践活动提供理论依据和可行性保证。

2. 思政教育帮助人们提高风险预测能力

具体来说，通过思政教育可以提高人们的因果预测能力与趋势预测能力。因果预测能力就是根据事物的因果关系，进行由因判果和由果溯因的能力。在现实生活中，事物的因果关系往往既复杂又多变，不仅因果联系容易被偶然现象所遮蔽，而且一因多果、一果多因、多因的情况十分普遍，特别是随机性很大的风险，因果关系往往呈现更为复杂的状况。这就要求通过思政教育使人们掌握事物发展与人的发展的因果规律和对风险所涉及的因果关系进行分析、判断的能力，具有利用风险中的因果关系对风险进行回避、控制与转化的能力。所谓趋势预测能力，是根据事物与人的发展规律，由事物与人的发展的过去和现在的状况，推断其未来发展可能性的能力。任何事物与人的发展，既表现为偶然性，也遵循必然性，不可能只表现偶然性，也不可能只表现必然性。事物与人的发展的偶然性与必然性，又往往受社会发展和自然变化的制约、影响，其偶然性在质与量上是变动不居的。风险作为一种偶然性，不管它来得多么突然，形式多么怪异，它总是一定规律性的表现。只要认真认识和把握事物与人的发展规律，并善于分析、辨别偶然现象的本质，就能对人在发展过程中可能遭遇的风险进行预测和预防。

思政教育提高人们的风险预测能力要求主体有必要的知识准备。首先，如果主体自身对于客观事物及其发展规律缺乏科学认识，又没有可靠的知识系统和技术专家的支持，是不可能形成和发展风险预测预防能力的。其次是有实践经验的积累。风险不确定性和突发性往往需要借助主体的经验判断，对于各种风险现象的研究是以直观思维为起点，缺乏足够的经验是难以识别风险的。最后是科学方法的应用。预测对于主体综合思维能力要求较高，思政教育可以使人们掌握科学原则和科学方法，如唯物辩证法，系统科学方法、预测与决策方法、未来学方法等，提高对未来趋势发展预测预防的准确性。

总之，新时期人类个体的发展和社会整体的发展，既向思政教育实践提出了面向未来、进行预测和决策的客观要求，也为其开展预测和决策创造了有利条件。正确的预测，既是着眼于现在，更是着眼于未来，着眼于在实现愿景和目标之前，制定正确的实践活动方案和有效教育措施，实现教育实践活动的科学化。因此，现代思政教育实践研究，一定要依据预测和决策的理论与方法，归结出思政教育预测和决策的客观规律，为提高思政教育水平做出有力贡献。

第六章

现代思政理论教师的教育素养

从对思政理论教育教师特殊要求的角度看，思政理论教育教师必须具备政治上的坚定性、理论上的彻底性、品德上的高尚性、教学上的人文性和教育能力的完善性等素质。从教学过程看，思政理论教育教师的教学素养主要包括教学语言素养、情感素养和心理健康等。

第一节　思政理论教师的语言素养

在哲学意义上，语言是思维工具，它帮助人们认识世界和发展智力；语言是交往工具，帮助人们交流思想和情感。在教育学意义上，语言是中介工具，在传递和延续人类文化知识的教学中，作为一种传递知识信息的主要载体，教学语言是学生思维和人类文化知识之间沟通的桥梁。苏联教育学家苏霍姆林斯基说过，教师的语言修养很大程度上决定着学生在课堂上的脑力劳动的效率。因此，教师能否正确运用教学语言，语言有无吸引力，直接关系到教育教学的效果。

一、思政理论教育教学语言的特色

教学语言不是单一的，而是多种多样的。不同专业、不同学科以及同一学科的不同层次的教学语言各有特点，思政理论教育教学的性质向其教学语言提出了特殊的要求，这就是教学语言的科学性、艺术性和激励性。

第一，教学语言的科学性。马克思主义是真理，需要科学的语言讲解，否则就没有说服力。思政理论教育教学是解决大学生对马克思主义理论由知—信—行的转化问题，必须遵循科学性。

首先，语言的准确性。准确，即按马克思主义的本真精神讲解马克思主义，观点、用语都要准确，既不能断章取义，也不能生搬硬套。观点的准确性是科学性的基础。教师虽然口若悬河讲得洒脱利落,如果观点不准确,那么,教学就是失败的,教学效果更谈不上好。例如,讲"商品"的概念,说"商品是用来交换的劳动产品,是一个永恒范畴",这样的讲授前提是正确的,结论则是错误的,应该说商品是一个历史范畴,劳动产品是一个永恒范畴。用词的准确性是科学性的必要条件,用词不当,就会降低讲授的科学性。

其次,语言的严谨性。讲课语言要符合逻辑规律,没有语病、分析问题深刻、推理严密、评价中肯。教师如果忽视了这一点,就会导致学生越听越糊涂,本来道理很清楚,反而让教师讲得难以理解。语言的严谨性还要求讲授力戒口头禅。有些学生把常用"这个""那个""啊""哈""是不是""对不对""懂不懂"等多余词的教师称为"哈哈先生""啰嗦老人"。这反映了学生对教学语言严谨性的要求。

再次,语言的真实性。教师讲授时要用真实可信的语言来表达。一方面,讲授的基本原理、基本命题、基本概念以及与它们相关的材料都应是实践检验过的,而不是信手拈来的,更不是主观臆造的,这是提高可信度的基础。另一方面,教师讲授时要以基本事实为依据,不能讲哗众取宠的大话、违背事实的假话、不着边际的空话、低级趣味的笑话。对于学生关心的实际生活问题、社会热点问题和方针政策问题,要实事求是地讲,唯有真实,才能使大学生相信并践行。

最后,科学性应做到言之成理,持言之有故。思政理论教育教师一定要讲求语言的科学性。唯有如此,才能使学生心悦诚服地接受马克思主义,并自觉地把它作为自己行动的指南。

第二,教学语言的艺术性。思政理论教育教学侧重于思政教育,态度是严肃认真的。但是,教师如果板着面孔,语言无味,就会使大学生的感觉兴奋不起来,思维"睡觉",甚至产生逆反心理,影响教学效果。正如吉尔伯特·海特在其《教学的艺术》一书中所说的如果我们不能获得一声发自内心的笑,那么,这一天的教学就白费了。因此,思政理论教育教师必须讲求语言的艺术性。教师通过教学语言的艺术性,营造生动活泼的教学氛围，帮助学生消除由紧张的思维活动带来的心理疲劳、淡化由心理疲劳带来的焦虑情绪、恢复由焦虑情绪引起的心理失衡，激活学生的思维，启发学生思考，产生"学而时习之"的愉悦。

教学语言的艺术性主要表现在以下几个方面：

其一，语言的形象生动性。思政理论教育教学中，要在科学性的基础上兼顾"趣味性"，即用生动形象的语言，深入浅出地讲解马克思主义理论，不仅能够引导学生积极主动思考，而且能使马克思主义理论不再是空洞的"条条"和干巴巴的"杠杠"，例如，讲普遍联系中的"局部与整体"的关系时，采用"失去身体的手只是名义上的手""美人的手之所以美，是同整个躯体联系在一起的，孤零零的一只手谁也不会说美"的语言来表述，学生不仅能听进去，也弄清了这个原理。当然，教学追求的趣味性必须是健康的、有教育意义的，也就是"闲话不闲、笑声有益"。

其二，语音语调的优美动听性。教师要使用适当的语言技巧，讲得耐人寻味，优美动听，根据教学内容或平铺直叙，或抑扬顿挫，或慷慨激昂，或低沉舒缓，赋予语调以感情色彩，力求达到语意、音色、声调的统一美，获得寓教于乐的功效。

其三，语言的流畅性。教师授课的语言流畅与否，直接关系到大学生对马克思主义的掌握程度。因此，语言流畅是思政理论教育教师的一个基本素质。通过自然、连贯、轻松、流畅的语言，行云流水般的表达使学生在一种和谐的语言氛围中学习和思考。当然，教师流畅的语言必须是学生需要和能够接受的。如果不考虑学生的接受度，或是不着边际地夸夸其谈，或是讲故事式的肤浅讲演，或是低级趣味的搞笑，都会使学生产生厌倦情绪，达不到教学目的。还有，思政理论教育教师即席用语也特别重要。一个好的教师，要具备各种应变能力，尤其是语言的应变能力，等等。

其四，语言的幽默性。幽默是一种艺术，它能使人在忍俊不禁声中悟出道理；幽默是润滑剂，它使枯燥乏味的理论教学变得轻松愉快，因此，教师在教学中适当穿插一些幽默语言，有利于提高学生的兴趣。幽默主要是通过教师的体态幽默和言语幽默来表现的。体态幽默是指教师在课堂教学过程中通过表情动作所体现出来的幽默感,可使教师形象富有动态之美。体态幽默离不开言语幽默,往往与其结合使用。言语幽默是指以语言符号为载体所产生的幽默,它不仅可以通过语言描述事件、情景、观点等本身来产生幽默,而且可以通过语言的变异来创造幽默。在教育教学实践中,语言的变异最为常用。在此着重分析语言变异的两种表达技巧:

一是形象比喻,即人们通常说的打比方。它是以某种事物或情景来比方和说明另一种事物。在教育教学中,虽然比喻运用最经常、最广泛,但并非任何比喻都能产生幽默效应。具有幽默性的比喻关键在于富有情趣而意味深长。

二是反语倒置。这是一种用与本意恰恰相反的语言来表达本意的方法,其具体形式主要包括正话反说或反话正说、褒词贬用或贬词褒用。例如,进行爱国主义教育要运用辨证的观点,既要看到我国社会主义建设的成就,又要看到存在的问题和不足,否则,就不能收到应有的效果。但有些内容,如果正话正说,就难以收到应有的效果。

当然,教学幽默技巧远非以上列举的两种。教学幽默虽不是流水,但却是浪花。有了它,教学才会生动活泼,充满魅力。著名教育家斯维特洛夫曾说过:"教育家最主要的,也是第一位的助手是幽默。"幽默是思政理论教育教师不可或缺的一种教学素养。

第三,语言的激励性。思政理论教育教学的根本目的是培养合格的社会主义事业的建设者和接班人。为此,思政理论教育教师的教学语言必须具备激励性。

在心理学意义上,"激励"泛指激发人的需求,引起人的行为的一种刺激。激励是根据人的需要,激发人的动机,使人产生一股内在动力,朝着所期望的目标前进的心理活动过程。激励是一种吸引力和推动力。这种吸引力和推动力能使人的行为由消极转化为积极、由被动转化为主动、由不自觉转化为自觉。思政理论教育教学语言的激励,能促使学生形成盎然的学习兴趣,进而激活学生接受思政教育信息的感受状态和积极向上的人生态度。激励性是思政理论教育教学语言显著的特色。

教学语言的激励性主要表现在：

一是希望激励。教师的语言应当充满希望，使大学生从心底里迸发出积极向上的信心和力量。

二是榜样激励。榜样的力量是无穷的。教师通过自身的语言和行为为大学生树立榜样，用自己的思想和行为去影响学生，使他们努力向上。

三是情感激励。以真情和热诚来感动学生，他们就会"亲其师而信其道"。

综上所述，科学性、艺术性和激励性是思政理论教育教学语言的显著特色，三者是统一的。教学语言的科学性是前提和基础，艺术性是方法和手段，激励性是目的和归宿。因而，思政理论教育教师只有做到语言的科学性、艺术性和激励性的完美统一，才能发挥思政理论教育教学的应有作用。

从广义上看，思政理论教育的教学语言素养还包括非语言表达素养。因为，非语言表达素养既是教学语言的重要辅助，又展现着教学语言的魅力。

二、思政理论教育教学的非语言表达

有学者研究表明，在传递信息的形式中，言语信号占7%，声音信号占38%，面部信号占55%。从中我们可以看出非语言表达在信息传递中所起的重要作用。由此，国外有学者建议为了使教学获得成功，必须采用"AIDA"公式，A（attention）指注意力，I（interest）指兴趣，D（desire）指愿望，A（action）指姿势，这四者缺一不可。

非语言表达是指教师在教学中运用仪表、表情、举止、手势等因素进行教学表达的活动。它具有较高审美价值和感情交流价值，有时可达到"此时无声胜有声"的效果。它的基本特征是：可意会而不用言传。它要求掌握这种表达方式的老师具有较高的修养。非语言表达具体表现在：

第一，仪表的优雅美。教师的仪表是指教师的外表、衣着、修饰等。仪表是教师向学生传递信息的第一件工具，所谓第一印象大多数是从观察人的外表而产生的。教师的外表要落落大方，衣着要美观而不妖不俗，简朴、自然、整洁。可见，教师自身的整齐清洁具有一定的教育价值。应该指出，美观要讲究，但不可过分粉饰，一位浑身珠光宝气的女教师较之用"脏手帕"教师也不会好多少。可见，教师仪表并非无伤大雅，有修养的教师常能使自己的仪表和"人类灵魂的工程师"这一社会角色和谐统一，使仪表美与性格美相辉映，达到"山蕴玉而生辉，水怀珠而川媚"的效果。

第二，表情的自然美。马卡连柯曾下过如此判断："做教师的决不能没有表情，不善于表情的人不可能做教师。"表情是在师生交往过程中，面部的动力表现，相对于仪表而言，教师的表情是一种动态的无声语言，它蕴含了大量的情感交流的信息，是一种重要的信息源，是师生思想交流的重要的"外显点"。教师亲切自然的表情直接作用于学生的情绪，而学生的积极情绪体验的产生，又有助于兴趣感的增加，注意力的维持，记忆力的增强，理解力的加深，从而收到较好的整体教学效果。表情是人内心情绪的晴雨表，教师要学会控制和运用表情来教育学生，同时善于察言观色以获得学生的反馈信息。一般情况下，教师表情应和颜悦色，自然亲切，"清水出芙蓉，天然去雕饰"。教师的表情还应在稳定中有变化。稳定时应像孔子"温而不厉，威而不猛"，变化时应根据具体情况灵活调节。

第三，眼神的神韵美。眼神是面部表情中最富于表现的部分。俗话说："眼睛是心灵的窗户。"在教学中，眼神的灵活变化及丰富内涵，有时比语言表达更微妙，它能使每个学生都感到自己处在教师的"注意圈"中，都有自己是教师"注意中心"的感觉。这样，教师柔和的眼神，能使每个学生感到温暖；教师镇定的眼神，能使学生感到安全；教师信任的眼神，能使学生感到鼓舞；教师不满的眼神，能使违纪学生感到内疚。一般情况下，教师应避免对学生久久直视、斜视。当然，学生回答问题时，教师不宜目光旁落；讲课时，目视天花板和教室外，都是不可取的。

教师眼神美的教育价值是显而易见的，所以日本教学论专家吉本均教授认为，区分"眼睛"和"眼神"对于教师来说极其重要。"眼睛"是视觉器官，"眼神"是共鸣、微笑、表情，是精神的表现，教师不是借助"眼睛"，而是借助"眼神"与学生交流，学生才会产生同教师融为一体的体验。

教师不仅要研究自身的眼神，还要读懂学生的眼神。学生的眼神常常能表现学生对教学的反应。学生对讲课感兴趣时，眼神是闪光、兴奋的；听不懂时，眼神是困惑的；不感兴趣时，眼神是漫不经心的；疲劳时，眼神是呆滞的。优秀的教师能从学生眼神中了解很多真实的东西，从而改进教学，提高教学效果。

第四，举止的从容美。举止是人的一系列动作的总和。教师的举止动作能表达一定的心理状态和信息内容。俗话说："举手投足，可见其内心机蕴。"教师举止的审美标准是从容大度，从容大度既是一种美，又蕴含一定的教育价值。从容大度就是指教师的举止从容、安详、轻柔、大方。教师举止从容，学生感到踏实，安全；教师举止安详，学生感到充满自信；教师举止轻柔，学生感到亲切；教师举止大方，学生感到舒适自然。反之，教师举止忙乱、笨拙、粗鲁或忸怩作态，不仅有损教师讲台形象的塑造，还会使学生感到忧虑、慌乱、怀疑、不安。

三、思政理论教育教师的教育教学风格

教学语言直接表征着教师的教学风格。所谓教学风格，是指教师在一定教学理念指导下和长期教学实践中形成的独特的教学风貌。每个教师都有各自不同的知识结构、思想水平、性格气质、审美情趣、思维方式和教学追求，这种主体自身的特殊性，决定了教师教学风格的独特性。感情丰实的教师可以形成情感型的教学风格；逻辑严密的教师可以形成理智型的教学风格；性格外向且善于语言表达的教师可以形成鼓动型的教学风格；性格内向、出语不凡的教师可以形成感染型的教学风格。无论是哪种教学风格，只要能取的好的教学效果，都应予以肯定。

当然，教学风格不是一朝一夕就能形成的，需要经过长期不懈的追求

和磨炼。具体来说，一是要热爱思政理论教育教学事业，二是要提高马克思主义理论修养和教育教学理论修养，三是要有执着追求和不懈努力的精神，否则，难以形成自己独特的教学风格。

第二节　思政理论教师的情感素养

在哲学的意义上，情感是人们对客观事物是否满足自身需要的态度的体验。情感依次包括情绪和感情。情绪直接受情境影响，一般是不稳定的、较冲动的外显的体验。依据情绪发生的强度、持续度和紧张度，情绪划分为心情、激情、热情三种表现状态。心情是一种微弱的、弥散的、持久的情绪；激情是一种猛烈的、迅疾的、短暂的情绪；热情是一种较稳定的、较持久的、较深刻的情绪。感情是人特有的，是随着人对客观事物的认识而产生的一种稳定的、深刻的、持久的、受意识控制的体验。依据感情的性质和内容，感情划分为理智感、道德感和美感三种表现状态。理智感是人们在分析和评判客观事物过程中所表现出来的理性的情感体验，求知欲、好奇心、深究感、自信感等是理智感的表现形式。道德感是人们依据一定的道德标准，在评价别人和自己的思想和言行时产生的情感体验，宽泛地说，道德感就是人们口语中常说的"良心"、责任感、民族感、正义感、满足感等，是道德感的具体内容。美感是人们根据一定的审美观，在认识和实践活动中所表现出来的欣赏或厌恶的情感体验。理智感、道德感和美感是互相联系、互相促进的。情绪和感情两者既相区别，又互为条件。情绪一般受感情的影响和推动，而感情在情绪积累的基础上形成和发展，并通过情绪表现出来。

在教育学的意义上，情感是师生之间产生思维共振、心灵交融的一种特殊手段。教育教学活动离不开情感，思政理论教育教学更离不开情感。因为，没有人的感情，就没有也不可能有人对于真理的追求。思政理论教育课程内容的高度概括性和抽象性也提出了提高和完善教师情感素养的要求。

一般认为，情感主要指教师通过语调、表情、动作和手势等方面的变化，表达内心世界的真实感受，增强课堂教学的感染力，引起学生的感情共鸣。但是，就完成思政理论教育教学的任务而言，仅从这些方面去提高教师的情感素养是不够的。思政理论教育教师的情感素养应有更深层次的内涵要求，应当从情感的稳定性、深度性、纯洁性三个方面提高自身的情感素养。

一、教师情感的稳定性

在思政理论教育教师的情感素养中，情感的稳定性是最基本的、首要的方面。情感越稳定，对学生的世界观、人生观和价值观的形成就越能产生积极的影响作用。这种情感的稳定性主要表现在具有坚定的理想信念和崇高的敬业精神两个方面。

思政理论教育教学作为对大学生进行马克思主义理论教育，帮助他们确立坚定正确的政治方向，树立社会主义理想信念的主要途径，决定了具有坚定的理想信念是思政理论教育教师的立身之本。理想信念是人们在实践中形成的对未来的向往和追求，以及为实现这一向往和追求而具有的坚定不移的理念和态度。思政理论教育教师的理想信念就是对马克思主义、社会主义的理想信念。如果没有这一理想信念或缺乏坚定性，那么，思政理论教育教学既不可能达到使学生接受马克思主义的科学理论，树立正确的世界观和方法论的目的，也不可能用正确的理论引导学生，纠正各种错误观点，更不可能使学生真正"诚学之，笃信之，躬行之"，为社会主义培养出合格的建设者和接班人。无数事实告诉我们，无论在什么样的情况下，随波逐流、趋炎附势的人都是不受欢迎的人。思政理论教育教师只有具有坚定的马克思主义、社会主义的理想信念，具有理直气壮的永远追求真理，勇于拥护真理，敢于宣传真理，为真理而奋斗的精神，才有可能使学生对你及你所传授的理论知识心悦诚服。

教师情感的稳定性不仅表现在对马克思主义、社会主义理想信念的坚定性方面，还表现在对思政理论教育教学职业的热爱上。热爱思政理论教育教师职业，忠诚思政理论教育教育事业，愿为思政理论教育教学做贡献，首先，要使自我价值融于社会价值，个人志趣融于社会需要，个人利益融于人民利益，从培育社会主义事业建设者和接班人的高度去认识自己职业的价值和意义；其次，要增强从事思政理论教育教学的责任感和事业心，把传社会主义的"道"、授马克思主义的"业"视为天职，在思政理论教育教学中做好塑造学生灵魂的工作。热爱思政理论教育教师职业就必须做到：一要观察、参与社会实践，把在社会实践中获得的真情实感、真知灼见融入课堂教学，使理论焕发出生命力；二要结合学生的思想实际，以与社会实际紧密联系的马克思主义理论，引导学生真正理解马克思主义的精神实质，真正掌握马克思主义的立场、观点和方法。现代社会的发展日新月异、复杂多变，思政理论教育教师同时还面临着来自校园内外的诸多诱惑，热爱思政理论教育教师职业就必须加强自身的思想建设，不为功名利禄所动，不为商业化的规则所扰，保持高度的自我约束能力，恪尽职守。只有这样，才能以正确的思想、正确的人生观、价值观去教育和引导学生。

二、教师情感的深度性

深邃的学术魅力和高尚的人格力量是思政理论教育教师提高情感素养必须具备的情感的深度性内容。教师对客观事物的认识程度不同，决定了情感的深浅程度不同。但是，任何一个思政理论教育教师要提高教育教学的实效，都必须不断加深自己对事物的认识程度、加强自身的理论修养、提高学术水平、锻铸高尚的人格，提升情感的深度，以对学生产生学术的和人格的影响。

众所周知，对于马克思主义科学理论，如果没有深厚的理论功底，没有广博的文化知识，是很难"入其门"而"窥其妙"的，更不用说去提高思政理论教育教学的效果了。思政理论教育教师要培养自己具有深邃的学术魅力，首先，必须认真学习马克思主义经典著作，加强马克思主义理论修养，精通专业知识；其次，要学习马克思主义学者和资产阶级学者的著作，在比较和辨析中加深对马克思主义理论的理解，真正掌握马克思主义理论的真理性和科学性；还要拓展多方面的理论知识与实际知识，例如，与马克思主义基本理论相关的各种背景材料、前沿学科知识和交叉学科知识等，不断调整和完善自己的知识结构。只有这样，才能清晰而准确地、生动而形象地、广泛而深入地向学生阐明马克思主义理论知识，从而将马克思主义理论渗透到大学生正确的世界观、人生观、价值观的形成、巩固和完善中。

马克思主义是不断发展的科学，如果不站在时代发展的高度，不直面社会的现实，不把理论与实际联系起来，是无法丰富和发展的，更不用说去解答学生所关注的热点、难点问题了。思政理论教育教师的深邃的学术魅力不仅体现在学习和传授马克思主义理论上，更重要的是体现在对这一理论的应用，以及能使这一理论成为学生分析和解决社会问题的观点和方法上。因此，把马克思主义理论与社会发展的实际联系起来，对时代的发展和一定社会关系的基本性质及其发展趋势作出新的回答、得出科学的结论，可以加强马克思主义理论的时代感、现实感，使学生从内心深处接受马克思主义。把思政理论教育教学与学生的思想实际联系起来，对他们在新的实际面前所产生的模糊认识和思想困惑进行解答，可以解决学生的理想信念问题和思维的基本方法，使他们的思想归服于马克思主义，从而培养他们运用马克思主义基本原理分析和解决问题的能力。

深邃的学术魅力必然会使学生对思政理论教育教师产生敬佩感和信赖感。它是一种心理磁石，吸引学生自觉地去接受教师对他的影响。但是，这种深邃的学术魅力是与高尚的人格力量相统一的。中国有句古话："作经师易，作人师难。"对思政理论教育教师来说，作经师不易，作人师更难。要有深邃的学术魅力不易，要有高尚的人格力量更难，而这两者在思政理论教育教学中，在提高思政理论教育教师的情感深度性方面又是缺一不可的人格，是人的内在因素的总称，它反映在言谈举止、风度气质上。高尚的人格必然产生积极的、健康的感召力、带动力和影响力。在思政理论教育教师的情感素养中，高尚的人格力量是靠深邃的学术魅力去陶冶、锻铸的，而深邃的学术魅力则需要高尚的人格力量来支撑和托举的。一个思政理论教育教师，如果理论上一大套，实际上做不到，那就不是一个合格的教师，也不可能受到学生的欢迎。要提高思政理论教育教学的实效，需要教师将深邃的学术魅力和高尚的人格力量在"教"与"行"中统一起来。在思政理论教育教学中，任何现代化的教学手段都代替不了情感手段，代替不了教师的深邃的学术魅力和高尚的人格力量对学生的影响。

三、教师情感的纯洁性

人的情感是有社会性的，社会是复杂的，人的情感也是复杂的。思政理论教育教学对教师提出的情感素养的要求还有一个很重要的方面，那就是情感的纯洁性。无论是在思政理论教育的教育教学过程中，还是在与学生的相处中，教师都切不可违背科学良知，不负责任地以是为非或者以非为是，矫揉造作、毫无原则地建立师生关系。情感的纯洁性在思政理论教育教学中的主要表现就是良好的师德风范和师生之间的真诚无私的情感。

良好的师德风范是塑造优秀的思政理论教育教师形象、做好思政理论教育教学的核心。德高为师、身正为范。思政理论教育教师要教好马克思主义理论的书，育好社会主义事业的接班人，就必须先"正己"。学生往往是通过师德风范去体会马克思主义的思想品质，通过对教师的信赖程度去推测他所讲授的理论的可信度。因此，对思政理论教育教师来说，必须遵循"解放思想，实事求是，一切从实际出发"的思想路线，在教学中坚持马克思主义理论的科学性，在行为上严于律己，因为身教重于言教，让学生从教师的一言一行中感受马克思主义理论的真理性，信服马克思主义；必须加强道德修养，陶冶道德情感、锤炼道德意志、确立道德信念，用自己良好的思想品德、高尚的情操、坦荡的胸怀、正直的为人、端庄的仪表去感染、熏陶学生，让学生从教师的品行中形成良好的品德，从对教师的敬佩和信赖中自觉地理解并接受思政理论教育教学的内容。思政理论教育教学不仅以理服人，更要以情动人，这是情感纯洁性的另一个重要内容。以情动人，就是调动师生之间真实的情感，使学生的思想情感与教育教学的内容产生共鸣，并接受其内容，因为坦诚的、真挚的情感会使学生对教师产生一种亲近感，有了亲近感，就有了吸引力、影响力。师生之间坦诚的、真挚的情感主要表现在两个方面：其一，教师以循循善诱、启发式的教学方式向学生讲授思政理论教育的内容，激发学生独立思考和创新的意识，以平等的态度与学生共同探讨理论的热点和难点问题。其二，教师以深厚的情感热爱学生、关心学生、理解学生、尊重学生，建立良好的师生感情。这样的师生感情是一种神圣的感情，是无私的、不计任何回报的感情。学生一旦理解了这种感情，必然会"亲其师"而"信其道"。思政理论教育教师要满腔热忱感化学生，精心呵护他们的成长，并在赢得学生的好感和支持中提高自身的威信。

思政理论教育教师的情感素养的高低既以其心理是否健康为基础，又是心理是否健康的重要体现。从总体上看，思政理论教育教师的心理是健康的，但是，不可否认，还存在一些问题，其中某些不良心理现象不能影响和制约着思政理论教育教学实效性的发挥。为提高思政理论教育的教学质量，高校必须对思政理论教育教师的心理健康给予足够的重视。

第三节　思政理论教师的心理素养

健康作为人类发展的基本条件，是每个人都渴求的，但并非人人对健康都有一个正确的认识。长期以来，人们一直局限于没有疾病就是健康。

直到1989年，我国《辞海》对健康是这样描述的："人体各器官系统发育良好，功能正常，体格健壮，精力充沛并具备良好劳动效能的状态。通常用人体测量、体格检查和各种生理指标来衡量。"毫无疑问，这个定义有其局限性，没有关注到人的思想的健康，特别是人的心理的健康。随着社会的进步和现代医学的发展以及人们关于健康观念的转变，人们越来越普遍地意识到：人的心理因素同人的生理因素一样，与人的健康、疾病有非常密切的关系。与之相适应，健康的概念也超越了传统的医学界定，心理健康已成为健康范畴中的必然而重要的组成部分。

正是在这个意义上，世界卫生组织（WHO）指出，健康应包括躯体健康、心理健康和社会适应安好。也就是说，健康，不仅是身体没有疾病和病态（虚弱现象），而且是一种在身体上、心理上、社会适应上完全良好的状态。一个健康的人，既要有健康的身体，还应有健康的心理和行为。中国古代提倡的"形神兼养，以神卫形""修德养性""情欲适度""以静御躁""顺其自然""藏、修、息、游、劳逸结合"，俗话所说的"笑一笑，十年少，愁一愁，白了头""笑口常开健康在""生气催人老，笑笑变年少"等，都生动地说明了心理健康与身体健康的密切关系。只有当一个人身体、心理和社会适应性都处于良好状态时，才是真正的健康。

一、思政理论教育教师心理健康的内涵

关于心理健康，至今尚无一个公认的定义。这是因为，心理健康是一个复杂的概念，由于受到社会制度、民族风俗、传统习惯、道德观念、宗教信仰等因素的影响，在不同的国家、不同的民族、不同的历史时期，对心理健康有不同的理解。世界心理健康联合会（WFMH）对此定义为："心理健康是指在身体、智能以及在情感上与他人心理不相矛盾的范围内，将个人的心境发展到最佳的状态。"《简明不列颠百科全书》指出"心理健康是指个人心理在本身及环境条件许可范围内所能达到的最佳功能状态，但不是十全十美的绝对状态"。张承芬认为，心理健康乃是指个体在各种环境中能保持一种良好的心理效能状态，并在与不断变化的外界环境的相互作用中，能不断调整自己的内部心理结构，达到与环境的平稳与协调，并在其中渐次提高心理发展水平，完善人格特质。

综合国内外的论述，可以得出这样的共识：心理健康指的是人的一种内外协调的良好心理状态。当然，人的心理健康是动态变化的，它只是反映人在某一个特定时间内的良好心理持续状态。因此，我们所说的心理健康只是指在较长一段时间内持续存在的状态，而不是一时看到的偶发现象。

作为一个特殊的职业群体，思政理论教师的心理健康是指他在与周围环境的交互作用中，保持的一种持续、积极、发展的心理状态。思政理论教育教师保持良好的心理状态，与其他职业群体一样，必须符合三项基本原则：

其一，心理活动与客观环境的同一性原则。无论在形式上还是内容上都与客观环境保持同一。失去同一即失去平衡，则心理失调，行为异常。其二，各心理因素之间协调一致性原则。即一个人的认知、情感、意志等心理活动保持自身的完整统一、协调一致，保证准确有效地反映客观现实。如果失去这种协调和统一，必然会出现异常心理。其三，个性特征的相对稳定性的原则。即一个人在长期的生活经历中形成的个性心理特征，具有相对稳定性，一般是不易改变的。但是，如果在外部环境没有巨大变化的情况下，一个人个性出现明显变化，就应考虑到心理活动是否出现异常、心理是否出现问题。

依据这三个原则，参照现实社会生活以及人们的心理行为表现，笔者认为，衡量思政理论教师心理健康的标准大致包括以下几方面：

第一，具有积极的职业态度和对教师角色的认同。教师是以传递文明，施行教化，造就人才为宗旨的专门职业，肩负着"传道、授业、解惑"的责任。思政理论教师不仅是教师，肩负着"传道、授业、解惑"的责任，更重要的他本身是一个马克思主义理论工作者，兼有"马克思主义理论教育工作者""德育工作者""师长与朋友""学生德行的榜样"等多种角色。这就决定了思政理论教师必须热爱思政理论教育教学工作，不仅把思政理论教育教学作为职业，更重要的是作为事业，对马克思主义教育真信、真学、真讲、真做；为了大学生健康的发展，能够充分认识并始终努力适应社会发展对思政理论教师不断提出的新要求，调整、改进和提升自己的教学理念和教育行为，做到与时俱进。

第二，具有良好和谐的人际关系。思政理论教育的教师职业是一种群体性合作的职业，教师的劳动成果是个体劳动与集体劳动相结合的产物。能否协调并形成与学生、同事、领导之间乃至家庭内部的和谐的人际关系，也是思政理论教育教师心理健康的标志之一。良好和谐的人际关系具体表现在：了解双方的权利和义务，将关系建立在平等互惠的基础上，和睦相处，友好相待；客观地了解和评价别人，不以貌取人，也不以偏概全；与他人相处时，尊重、信任、赞美、喜悦等正面态度多于仇恨、疑惧、妒忌、厌恶等反面态度。教师良好的人际关系在教与学的互动中则表现为尊师爱生的融洽关系。教师能建立自己的威信、理解学生，引导学生，乐于、善于做学生的良师益友。

第三，能正确地了解自我、体验自我、控制自我和创新自我，能否正确地认识复杂的现实环境，处理好自我与现实、理想与现实的关系，是思政理论教师心理健康与否的关键，在教育活动中主要表现为正确地了解自我、体验自我、控制自我和创新自我；能根据客观环境和自身的实际情况确定教学工作目标；具有较高的个人教育效能感；能在教学活动中进行自我监控，并据此调整自己的教育观念，完善自身知识结构，做出适当的教学行为；能通过他人认识自己，学生、同事的评价与自我评价较为一致，具有自我控制、自我调适的能力；能根据学生的年龄特征、心理特点、富有创造性地理解教学内容、选择教学方法，设计教学环节，提高教学质量等，具有教学的独创性。

第四，在教育教学活动和日常生活中均能真实地感受情绪并恰如其分地控制情绪。由于思政理论教师劳动和服务的对象是大学生，情绪健康对于教师而言尤为重要。具体表现在：在教学中能以乐观的、积极的向上的情绪状态潜移默化地感染学生，使他们随之产生一种乐观的、积极的、向上的心境，并以这种心境为背景，开展思政理论教育的各种教学活动；善于自控情绪波动，能在学生面前尽力去克制、转移、淡化工作和生活中的烦恼与失意，不将生活中不愉快的情绪带入教学活动，并能冷静地处理教学活动中的突发事件；尊重和信任学生，关爱和理解学生，引导和帮助他们树立科学的世界观、人生观和价值观。

二、影响思政理论教师心理健康的主要因素

当前，思政理论教师的心理健康状况总体是不错的，但也存在一些心理问题。其中某些不良心理现象已经并在继续影响和制约着思政理论教育教学实效性的发挥。

（一）影响思政理论教育教师心理健康的主要心理问题

心理问题一般是指个人心理发展过程中出现的不良适应状况。心理问题是由多种其他因素造成的。思政理论教师的心理问题主要是由于教育教学活动造成的有损于其心理健康的问题，思政理论教师心理问题的出现，既有与其他群体相同的共同性，也有其特殊性。

一般来说，思政理论教师常见的心理问题主要表现为**职业倦怠**。思政理论教师的职业倦怠是指个人不能有效地缓解教育教学工作压力，或不能妥善地应对教育教学工作中的挫折所经历的身心疲惫的状态。它主要包括职业焦虑和职业疲惫。

职业焦虑方面，按照范登伯格的定义，焦虑是那种或多或少由于情绪低落并因此产生的对新情况和新变化的明显怀疑和可能抵制的一种心理状态。[1] 包括持续广泛的焦虑和急性短暂的焦虑。现代社会的快节奏、多变化的生活使每个人（当然包括思政理论教师）都面临各种各样的压力，适度的压力是正常现象。但是由于思政理论教育教学是一个要求很高的职业，随着改革开放的进一步深入，社会经济成分、组织形式、就业方式、利益关系和分配方式的日益多样化，对思政教育期望和要求的不断提高，

---

[1] 孟宪宾，鲍传友. 变革中的教师焦虑与教师专业发展 [J]. 外国教育研究，2004（11）：47-50.

教师的工作压力越来越大。工作压力过大，总感觉缺乏条件和能力来进行有效的教育教学活动，便常常出现一种内心紧张不安，面对不利情况而又难于应付的不愉快情绪，这就是职业焦虑。思政理论教育教师的职业焦虑基本上属于持续广泛的焦虑。

职业疲惫方面，由于心态上调适不够、职业焦虑得不到缓解产生了心理负担，导致身心疲惫。思政理论教育教师职业疲惫往往表现在两个方面：一是心境不好、情绪烦恼、对工作提不起精神、懒动脑子、想不出点子。在教学态度上，重知识讲解、轻品德培养，对涉及学生思想品德素质培养的问题，例如，学生对学习马克思主义理论知识持什么态度？学了这些知识后在实践中用不用？会不会用？怎样用？诸如此类更为重要的问题，很少去想。在教学方法上，仍是"满堂灌""堂堂灌"，把学生当作装知识的"容器"，对于如何激发学生的学习兴趣，调动学生的学习主动性，很少去想，因此，工作敷衍了事，甚至不负责任的现象大量存在。二是对教育教学表现出绝对心理、片面心理和否定心理。这就是以非黑即白的单色调看待学生，下意识地否定了学生专业上、思想上以及需求上的多色彩；以只见树木不见森林的"近视"眼光评价自己和学生，当主观评价与客观效果不一致时，过多地埋怨甚至指责学生，师生之间缺乏真正平等、民主、信赖、尊重的相互关系；面对社会转型带来的思政理论教育教学的新情况和新问题，缺乏必要的心理准备，"难"字当头，只求无过，不思发展；面对学生的厌学和逆反心态，先是惊慌失措，后是习以为常，认为这是思政理论教育教学的常态。

（二）造成教师心理问题的主要原因

造成教师职业怠倦的原因是多种多样的。其主要原因在于：

一是教师的角色冲突❶。教师的角色冲突是指教师个人在履行不同角色义务中，不能同时满足其多种角色期望所产生的矛盾。思政理论教育教

---

❶ 社会角色是指与人们在特定的社会环境中相应的社会身份和社会地位。每个人都生活在不同群体中，并在每个群体中获得位置，扮演着相应的角色，每个人都集多种角色于一身。由于人们对每一种角色有各种不同的角色期望，每个人常会感到角色冲突或矛盾，称为角色冲突。

师既是知识的传承者，更是思想认识的引导者；对于学生，既是老师，更是朋友。这样的社会角色，使大多数教师有完美主义心理倾向，因此对自己的期望值甚高，期望值越高，与现实的冲突就越激烈，因而遭受的挫折就越多，于是产生的失望、烦恼、痛苦也就越多。随着信息技术的发展，大学生的学习渠道越来越多，教师在学生思想成长中的影响力有所下降。在这种情况下，有相当数量的教师，一方面，惶恐和紧张；另一方面，自我实现和自尊需要愈来愈强烈。这种矛盾心态得不到调适，就会出现心理问题，损害教师的心理健康。

　　二是学校管理不当。学校管理对教师各方面工作的影响都较大。由于学校管理不当，引起或加大教师的心理压力，很容易产生心理问题。例如，学校管理部门或学校领导有意或无意地对思政理论教育教师或其工作评价不公正，对其自尊心造成挫伤；思政理论教育教师（尤其是青年教师）的一些实际生活问题得不到解决，而又缺乏必要的精神安慰，导致其情感失落；随着教育改革的不断深入，学校内部管理力度加大，在岗位聘任、职称评定、年度考核、奖金分配等方面的要求越来越高，竞争越来越激烈，再加上教学与科研的沉重工作负担，使教师处于高度紧张和焦虑中。这些都成为思政理论教育教师心理上的巨大压力，稍有不慎，极有可能导致心理问题的产生。

　　三是大学生不良心理现象的影响。大学生不良的心理现象也是影响教师心理健康的重要原因。思政理论教育教学中学生比较突出的不良心理主要有两个：一个是厌学心理，另一个是逆反心理。"厌学心理"主要表现在对思政理论教育不感兴趣，平时不想上课，不愿听讲，考前临阵磨刀、强记硬背。"逆反心理"主要表现为对思政理论教师所讲授的理论观点持怀疑态度，不认同、不接受，甚至产生抵触情绪、逆反心理和背道而驰的行为。学生中的这两种不良心理现象，已经并正在直接影响着思政理论教育教学的效果。前者使之产生零效应，后者使之产生负效应。由于对思政理论教育教学有"厌学心理"的学生人数不少，思政理论教育教学在较大范围内未能发挥出应有的作用，甚至在一定范围内产生了不应有的负作用。这不仅加大了教育教学的难度,也加重了教师的心理负担,影响教师的心理健康。

(三) 思政理论教育教师心理健康的维护

俄国教育学家乌申斯基说过,在教育工作中,一切都应该建立在教师人格的基础上。因为,只有从教师的人格资源中才能涌现出教育的力量。"亲其师才能信其道",教师的人格魅力一旦打上折扣,课堂上往往很难形成积极的情感氛围。相反,具有良好的品性、友善宽容的心态、和谐优雅的体态语的教师,不仅能弥补其学力上的某些缺陷,而且学生也会自然而然地信服,自觉或不自觉地内化教师的教育要求。所以,在现代教育管理过程中,能否注意思政理论教育教师的心理调适、维护教师的心理健康,以公正、悦纳的心态实施管理,既是思政理论教育教学的需要,同时也是体现领导艺术的重要标志之一。

具体来说,维护思政理论教育教师的心理健康,必须着力建设"两个"积极向上的心理环境。

1. 增加情感投入,着力建设积极向上的、和谐的校园心理环境

每一个正常的人都是有情感的,都渴望生活在积极向上的和谐的情感氛围中,思政理论教育教师也不例外。积极向上的和谐的情感氛围可以增强教师的认同感和归属感、亲和力和凝聚力。

既要有刚性的措施,又要有柔性的情感,给教师一个温暖的校园心理空间。教师年复一年的教育教学活动,使自己与学校、与学生结下了不解之缘,总想为学校为学生做出贡献,为祖国、为人民、为社会、为自己做出成绩,在实现社会价值的同时实现个人价值。因此,教师希望自己的业务能力和工作成绩得到认同和肯定,获得应该得到的待遇和荣誉。而长期教育者的角色定位和为人师表,也使教师产生了强烈的自尊意识,希望别人尊重他的劳动;希望别人对他以礼相持、以诚相持、尊重他的人格;希望发挥个人的特长与才能;希望自己不断得到进修及深造。所以,学校管理者的职责之一,就是科学认识思政理论教育教学的真实意义,制定并实施公正、可行的管理决策,形成心理相容、互相信任、真诚相待、互相支

持的情感空间，为每个思政理论教师的充分展示和发展，提供心理上的支持力量。

思政理论教育教学的特殊性，使教师随时有可能产生烦恼和困惑，形成心理问题，除了给予必要的关注与理解以外，还要帮助教师建立心理防御机制，特别是建立预防性干预心理机制。预防性干预心理机制是针对心理适应不足，或遇到困难，情绪发生异常时进行心理干预的措施，其目的是加强心理适应能力，同时减少发生行为偏离的易感性。一般情况下，预防性干预多用于心理虚弱者，如遇到问题缺少主见和抗争能力，难以应付突如其来的变化的人，多数采取加强自控能力和自信心的训练。另一种情况发生在能估计到的刺激性事件对易感人影响的时候，应用预防性干预措施，或是给予思想疏导，提前告诫其做好思想准备；或是预先沟通信息，消除其紧张情绪，减轻无谓的心理负担。这种预防性干预，特别是对一个刚刚走进新的生活环境或走上工作岗位的青年教师来说，尤为重要。因而，从社会心理学的角度说，预防性干预是人与人之间的一种互相帮助，以老带新的心理防御方法。

对思政理论教师开展心理健康教育和心理健康咨询，也是维护教师心理健康所必需的。为此，一是使教师高度重视健全和维护心理健康的必要性；二是要善于倾听，注意疏导，使教师的不良情绪得到合理释放。同时，以亲切、灵活、适当的言语、启发教师自我醒悟，增强其自我心理调节的信心，促进心态平衡、培养其主动应对精神和应急反应能力。三是要帮助教师特别是青年教师正视现实，正确地进行自我评价和自我调整，辩证地看待前进中的挫折和失败，激励教师自尊自强，培养和提高心理康复能力，比如，如何准确地了解自己的真情实感；如何克服冲动，延迟不满意；如何设身处地为他人着想，真诚地去理解他人；如何调适情绪，避免因过度沮丧影响思考；如何激励自己，越挫越奋，对未来永远怀抱期望；等等，提高教师对己对人对事的自制力、刚毅力、善解人意能力和与人热忱相处的交往能力，主动创设思政理论教育教学的新天地。

激发思政理论教师的工作积极性和创造性，升华其工作的成就感，关键在于建立科学的激励机制。而建立科学的激励机制，学校管理者既要克服见物不见人的机械的刻板的管理心态，制定并实行切合实际的慰问、关切、奖励等情感措施；更要用远大的理想去鼓舞教师，用高尚的情操去塑造教师，用正确的舆论去引导教师，用优秀人物的事迹去激励教师，从而促使教师把对马克思主义的坚定信仰、对社会主义的坚定信念、对改革开放和现代化建设的坚定信心、对党和政府的坚定信任，作为自己的自觉追求。

2. 学会自我调适，营造积极向上的、和谐的内部心理环境

思政理论教师要保持健康的、乐观的心态，除了要有一个宽松的和谐的外部环境之外，更重要的是有一个良好的内部心理环境。

建立积极的心理防御机制，是营造积极向上的、和谐的内部心理环境，促进心理健康的重要条件。人一生中的某个时候，发生某些意外事件或面临某种困境总是难免的，不尽如人意的社会现象时时会发生。当产生挫败感、失落感、体验到焦虑、抑郁、痛苦时，为了减轻这种心理上的失衡，人都有一种自我保护的功能，会不自觉地用自己较能接受的方式来处理与缓解主客观之间的冲突，这种心理平衡的自我保护倾向，称为心理自卫机制或心理防御机制。心理防御机制包括积极的心理防御机制和消极的心理防御机制。

积极的心理防御机制主要采用仿同、迁移和升华等心理调适方法，缓冲心理挫折感，培养积极的、愉快的、自信的进取心理倾向，目的是促进心理健康。

仿同是效仿他人获得成功的经验和方法，使自己的思想信仰、目标与言行更适应环境的要求，从而增强获得成功的信念。仿同的关键是找到适合自己情况的先进榜样、先进思想和先进方法。这样的防御针对性强，效果好。

迁移是采用变换环境的方法，在合适的时间，合适的地点，向合适的对象——亲朋好友和值得信任的领导倾吐心中的苦恼，宣泄消极情感；或通过听音乐、看电视，做其他事情等，暂时回避一下伤脑筋的问题，使感

情迁移，使心情平静下来。这是维护心态平衡，促进心理健康的一种有效方法。

升华又称为理智分析法，是一种根本的、最有效的心理调适方法。在教育教学活动中，当遇到困难，产生不良情绪时，要冷静下来，分析不良情绪产生的原因是什么，相互关联的事项有哪些，可能会造成怎样的后果，以及如何消除业已发生的不良情绪所造成的影响等。这样，可以有效地减轻心理压力，走出情绪困扰的怪圈，培养乐观的情绪，促进心理健康。

消极的心理防御机制最常见的是"酸葡萄心理""甜柠檬心理"。也就是当一个人的目标无法实现时，便通过贬低目标来求得心理平衡，以减少苦闷，这就是平时讲的"吃不到葡萄，便说葡萄是酸的"的"酸葡萄心理"；相反，当一个人追求达到的结果不是自己希望的，只是借这一结果来进行自我安慰，以暂时减轻与解除内心的矛盾和痛苦，这便是平时所讲的"甜柠檬心理"。当然，这种防御机制不能多用，更不能完全依赖，因为这毕竟是一种消极的心理调控方法，它本身并不能使问题得到解决，过多地使用有可能引起心理疾病，后果更为严重。所以，还应以积极的心理防御为主。

积极的心理防御机制是通过心理修养形成和确立的。修养是一个含义广泛的概念。"修"是"切磋琢磨"，《诗经》上有"有匪君子，如切如磋，如琢如磨"，这里说的"君子"人品如同经过琢磨的玉石，含有学习和锻炼的意思；"养"是涵养性情，含有培养、形成的意思。所以，心理修养在这里专指思政理论教师在心理方面的学习、陶冶和锻炼等方面的功夫，以及经过长期努力所形成和达到的心理调适能力。它包括思政理论教育教师的个性心理、角色心理、职业理想心理的修养，还包括教育教学中的心理认同、心理沟通、心理引导、心理协调、心理控制和心理承受等能力的修养。修养既是一个学习的过程，更是一个实践的过程。

从心理学意义上说，心理健康是优良的心理素质的重要体现。心理素质是教师、尤其是思政理论教师综合素质的基础。失去了这个基础，思想素质、智能素质、审美素质、身体素质等均难以协调地、和谐地发展。因此，有效地提高思政理论教师的精神生活质量，积极维护教师的心理健康，时常帮助教师清除心理"垃圾"，把教师的心理状态调整到符合个体心理特征的最佳位置，是实现思政理论教育教学活动高效运转的前提条件。

第七章

思政教育理论与实践相结合的路径创新

在思政教育主渠道建设中坚持"以人为本",就是要坚持以大学生为本,以大学生全面发展为目标,将他们培养成为社会主义事业合格的建设者和接班人,要实现这样的目标,必须以学生为本,贴近学生思想、学习和生活的实际,尊重学生、关心学生,引导帮助学生全面发展。

第一节　思政教育理论课程建设创新

一、贯彻"以人为本"的教育理念

以人为本属于价值论的范畴,是要回答什么最重要、什么最根本、什么最值得关注。在大学生思政教育主渠道建设中,坚持以学生为本,必须认识到学生的思政素质有实质性的提高最重要;尊重学生在教学中的主体性是根本;学生的思政状况,学生关心的热点、难点,学生渴望解决的思想矛盾等最值得关注。要使这样的教育理念得到有效贯彻,需要注意以下几点:

第一,在教材建设方面,要充分考虑到教材是对大学生进行马克思主义理论教育,在大学生中推动马克思主义大众化的有效载体。因此,要针对不同层次学生的知识文化素质和阅读能力编写教材,增强教材的时代性、可读性。

第二,在教学设计上,要充分考虑学生群体的差异,不同层次、不同专业背景,在知识文化素质、思维方式和兴趣点等方面的差异,根据不同层次的学生设计不同的教学方案,创建不同的教学模式。教师备课首先要备学生,增强教学的针对性,提高教学的实效性。

第三,在具体的教学活动中,要充分尊重学生的主体地位,采取多样化的形式吸引学生积极参与到教学活动中,使学生有独立感悟、思考、探索的空间，使学生在主动参与过程中达到知识、情感和信念的统一和协调转化，提升自身的思政素质。

在贯彻"以人为本"的教学理念中，要防止过犹不及的做法。目前，有些教师在教学中放弃原则，处处迎合学生，在课堂上或舍本逐末，大讲奇异的事例以引起学生的兴趣，完全用事例代替理论分析和理论引导；或背弃思政理论课的主旨，上课发牢骚，以偏概全；或哗众取宠，对学生感兴趣的问题，大讲特讲，对需要完成的教学内容却简单几句带过；或疏忽课堂管理，放任学生在课堂上做与课程无关的事情；等等。这些行为不是以人为本，不但不能提高学生的思政素质，还会给学生的健康成长带来负面影响。

二、贯彻社会主义核心价值体系

社会主义核心价值体系是社会主义意识的体现，也是我国意识形态的本质，从某种意义上来说，社会主义核心价值观对社会主义的发展模式、发展目标以及发展任务具有重要的作用和联系。在社会主义建设中，我们要充分利用核心价值观念的相关内容对社会主义现代化建设进行引领和指导，将其融入我国社会主义精神文明建设和物质文明建设的社会实践中。在社会主义核心价值观的引领下，大学生个人的思想发展目标与社会发展目标相互协调，增强社会主义核心价值体系的吸引力和凝聚力。思政教育课是大学生思政教育的主渠道，是大学生思政教育的主要阵地，它必然要承担起开展核心价值体系教育，提高大学生思政教育理论课教育的重任。

（一）马克思主义理论教学中融入社会主义核心价值体系

马克思主义基础理论教学是大学生思政教育的重要组成部分，更是思政理论课程教育的灵魂与核心，大学生马克思主义基础理论教育的目的是帮助大学生了解与认识马克思主义基本理论，深化对社会主义和共产主义的理解，学会运用科学的世界观和方法论认识世界、改造世界。在马克思主义基本理论的引导下，大学生可以建立起马克思主义性质的人生观和价值观，坚定他们对共产主义的信仰，增强他们进行社会主义现代化建设的信心。因此，马克思基础理论教学在大学生教育体系中占有重要的地位，并且是我国大学生思政教育的核心课程。

对马克思主义的理解，马克思主义理论教学应该从以下两个方面来入手。

1. 完整、准确地把握马克思主义

完整而准确地理解马克思主义，将马克思所有的理论与内容看作一个有机的整体，不能将各个部分拆开进行理解与运用。马克思主义的基本原理与一般的马克思主义教育课程不同，有些马克思主义教育教材将马克思主义哲学、马克思主义政治经济学和科学社会主义分为三个独立的内容来说明，这种做法在大学生思政教育理论课中是不适用的，因为马克思主义基本原理的理解和运用必须将所有的内容联系起来，只有深刻理解其内在的逻辑关系才能真正地运用。

2. 强化实践的马克思主义的教育和运用

在加强对马克思主义经典文本的解读和对马克思主义整体把握的同时，必须着眼于时代的变化和实践的进展，明确哪些是必须长期坚持的马克思主义基本原理，哪些是必须澄清的附加在马克思主义名下的错误观点，哪些是必须破除的对马克思主义的教条式理解，哪些是必须结合新的时代和新的实践加以丰富和发展的理论判断。要用马克思主义的立场、观点和方法分析和回答重大的现实理论问题和实践难题。

（二）在毛泽东思想和中国特色社会主义理论体系教学中融入社会主义核心价值体系

毛泽东思想和中国特色社会主义理论体系是大学生整个思政理论课程体系的核心。该课程以中国化马克思主义理论为主线，以中国特色社会主义为重点，着重教授中国共产党在新民主主义革命和社会主义建设中，党和国家领导人创造性地将马克思主义理论与中国实际相结合进行的理论创新，即中国化的马克思主义理论，从革命战争年代开始至今，中国共产党对马克思主义的发展主要有三大理论成果，在大学生思政教育中，要充分借鉴和吸收三大理论成果丰富内涵，促进我国思政教育的稳步发展。

毛泽东思想和中国特色社会主义理论体系教学是大学生思政教育的重要内容，在具体的授课过程中，教师要特别突出以下两个方面的特点。

1. 要突出核心问题的教学

在思政理论课教育中，课程的内容要紧紧围绕马克思主义中国化的历史进程来组织安排，围绕"什么是中国特色社会主义，怎样建设中国特色社会主义"来组织相应的内容。

2. 要强化问题意识和专题教学

大学生思政教育理论课，必须面向我国社会主义现代化建设的现实状况，按照具体的情况和马克思主义理论的基本框架和逻辑顺序对理论课教学和实践教学做出科学的安排。另外，为了强化教学效果，还要结合时事专题教育。

（三）在道德修养与法律知识的教学中融入社会主义核心价值体系

道德修养和法律知识也是大学生思政素质教学中不可缺少的一个组成部分，它们是大学生思政理论课中的基础课程。开设道德修养与法律知识教育能够帮助大学生明确我国的法律、道德规范，约束大学生的日常行为，帮助大学生养成良好的行为习惯，提高他们的思想道德觉悟，把他们培养成有理想、有道德、有文化、有纪律的社会主义接班人。

在大学生的思想道德修养和法律的教育教学中，要着重突出对大学生民族精神、时代精神和社会主义荣辱观教育，紧紧围绕这些内容对大学生进行思想道德与法律知识教育。思想道德修养和法律知识教育这一课程，是大学新生的入门课程，主要针对不太熟悉大学生活的新生开展，目的是使他们在大学就开始养成良好的行为习惯，为更深层次的思政课程的开展打好基础。在开展道德修养和法律知识教育的过程中，教育者针对大学生成才制定专门的提高大学生个人素质的内容。

（四）在中国近代史教学中融入社会主义核心价值体系

中国近代历史是我国思政教育的重要组成部分，也是大学生思政教育体系中不缺少的基础教学内容。从中学起，学生就开始逐渐接触我国的近代历史，在大学教育阶段大部分学生对近代史的史实已经有了比较明确的认识，大学阶段主要培养大学生对发展规律的认识。另外，在大学生思想道德修养和法律知识的教育中，大学生还要加强对马克思主义是中国革命和建设的唯一出路，中国共产党领导中华民族取得新民主主义革命的胜利是历史的选择等问题的深刻理解与认识。

在中国近代史的教育教学中，教育者应该从历史的角度出发，总结并借鉴相关经验，对我国社会主义现代化建设进行一定程度的引申。中国近代史总结起来就是一部屈辱史、一部艰苦探索史、一部全国人民的救亡图存史。在中国近代史的教学中，相关课程的安排要将中华民族的伟大复兴作为基本线索，围绕这一主题开展中国近代史教育，从而帮助学生更深刻地理解中华民族的苦难，更深刻地理解马克思主义对于近代中国走出半殖民地半封建社会的重要意义。

中国近代史的教育目的是使学生了解近代中国走向衰落的原因，理解马克思主义和中国共产党是历史的选择和必然，增强大学生对马克思主义和中国共产党的信心，增强其在社会主义建设道路上不畏风险、乘风破浪的勇气。在现阶段，大学生要努力学习科学文化知识，将社会发展的目标与个人目标结合起来，明确奋斗目标，为中华民族的伟大复兴做出自己的贡献。

三、实现教学方式的创新改革

事实上，人类的教育活动起源于交往，在一定意义上，教育是人类一种特殊的交往活动。况且，大学生正值青春期，其生理心理都发生了很大变化，自我意识、独立意识增强，要求与成年人平等相待。我们应该充分尊重大学生在该阶段的学习和生活特点，有针对性地对他们进行教育，充分调动他们参加教学活动的积极性和主动性。一般来说，发挥大学生主体性和教师的主导性的特点，需要从以下几个方面入手。

（一）加强学生在学习中的主体地位

传统的教学方法注重教师在教学中的作用，各种措施也都是针对教学来制定的，这种做法片面地强调教师在教学中的作用和地位。教学是一个互动的过程，教师和学生缺少任何一方都不能构成教学活动，双方在教学中的地位是平等的。从这一点来看，传统的教学活动，忽视了学生在教学中的主动性，将学生放在被动接受的教育地位之上。传统教育采用灌输式的教育方式，教学活动完全按照教育者的意愿进行，无论是教学过程的安排还是教学内容的设计都没有针对学生的特点来进行，造成教学效果欠佳。

每个人都是一个独特的个体，有自己的思想意识和行为想法，教师在教学过程中要充分尊重学生的个体性，尊重他们在教学中应该享有的地位。现代教学方法与传统教学方法的区别集中体现在学生在教学活动当中的地位和发挥的作用，现代教育追求最大限度地发挥学生在教学中的主体作用，发挥他们的积极性和主动性。

学习是一个不断认识、不断深化的知识内化活动，在整个学习过程中，很多因素都会对学习的效果产生影响，例如个人的认识、对待某种事物的情感、学习者个人的意志和信念等，这些因素可能会在教学过程中以一种或者多种集合的方式出现，对教学活动造成一定的干扰。在教学互动中，学生要克服各种不利因素的影响，充分发挥自己的主观能动作用，最大限度地发掘自己学习中的潜力和天赋。

(二) 改进教学方法必须尊重学生的个性发展

马克思主义教育的目的是使每个人都获得符合其个性特点和特长的发展，解放人的个性，促进人的全面发展，这是马克思主义始终坚持的育人观点。个性是人最宝贵的品质，正是因为个性的存在才让这个社会多姿多彩，缺乏个性的教育是违背客观规律的，也是没有灵魂和创造力的。在教学过程中，教师要根据受教者的特点帮助他们获得最合适的教育，充分激发学生的潜力，从而达到教学目的。

在新的社会发展形势和发展社会背景下，我们要充分尊重大学生思政教育状况的实际和大学生思政水平的现状，本着个性解放、多元发展的基本思路，根据当前的实际状况，对大学生思政教育的发展进行全面规划。

在教学中，教师在改进教学方法的过程中有三个方面需要注意。一是从小处入手，放弃"假大空"的说辞和不切实际的目标，将思政教育理论课当作教育学生做人、鼓励他们前进的阵地。二是思政教育课要教会学生如何在大学生活中扮演好自己的角色，并培养他们离开校园进入社会所需要的素质和品德。三是树立终身学习的目标，激发他们的学习兴趣与学习欲望，充分激发他们的潜能。

（三）优化教学方式

思政理论课应从不同角度，结合具体的教学内容，精心设计，选择不同的教学方式。在教学方法上，每位教师要根据自己的能力、特长选择诸如提问启发思考、学生发问老师解答、理论宣讲、艺术感染、实践指导等教学方法。另外，还可开展专题讲座、课堂讨论、热点评论、参观访问等，使教学方式多样化、趣味化，给教学方式以最大的灵活性。研究表明，学习同样的内容，在同样的3小时内，仅用老师讲、学生听的口授方式，学生仅能理解60%；如果能增加看的内容，学生就能理解70%；听、看、说并用，学生则能理解90%。这说明在学习上多种方式要胜过单一方式。

（四）以校园网络为平台拓展思政理论课的新载体

互联网的出现是人类历史上的一个奇迹，是人类智慧的结晶，通过互联网人们可以轻松地获得人类几千年积淀的知识和智慧，网络的出现使得大学生思政教育变得更加灵活，思政教育理论课也有了更大的发挥空间，与此同时，互联网的出现对传统的课堂教育也是一个巨大的挑战。

思政教育理论课的开展可以与互联网相结合，二者的结合能够最大限度地发挥课堂教育以及网络教育的优点，克服他们单独对大学生进行思政教育的缺点和不足。理论课教育可以借助丰富的互联网资源，充实与丰富课堂教育的内容，同时也可以增强思政教育课的吸引力。网络是一把"双刃剑"，如果不对大学生的网络行为进行管理与规范，就会对大学生的成长带来很大的影响，通过思政教育理论课的筛选与约束，大学生可以更好地利用网络信息与网络知识，提升大学生思政教育的效果。

第二节 思政教育实践活动的创新

一、强化实践教学

实践教学的意义与资源整合实践教学能够促进我国大学生更加深刻地了解理论知识和实践知识。所以，充分地运用实践教学显得特别重要，然而当前我国思政理论课实践教学的实际状况并不令人满意。笔者认为，改善我国思政理论课实践教育应该在实践教学的形式和资源上做到"两手抓，两手都要硬"，一方面积极拓展实践教学所需要的各种形式，另一方面积极开拓实践教学的教学资源。

（一）实践教学的地位与价值

1. 实践教学的重要地位

实践教学在思政教学中的重要地位主要体现在两个方面。一是，实践教学与理论课教学在教学手段、组织形式和教学方式上有重要的差别，这直接决定了实践教学有理论课教学所不具备的优势，因此在思政教学中实践教学是不可替代的。二是，实践教学与理论课教学在教学目标和理论支持上具有共性。实践教学和理论课教学都是以马克思主义理论为支持，以培养全面发展的四有新人为目标。

实践教学与理论课教学的差异与共性决定了在思政理论课教学中实践教学的地位是不可替代的。在高校思政理论课今后的发展中要形成实践教学与理论课教学相互促进的机制，更好地完成思政课理论教育的任务。

2. 实践教学的重要价值

理论联系实际既是党思想路线的重要内容，也是思政教育教学改革的一条主线。思政教育要实现与时俱进不断创新，就必须重视实践教学。具体来说，实践教学具有以下两点重要价值：实践教学是思政理论课教学改革的战略选择；实践教学是思政理论课与时俱进的客观要求。

（二）整合实践教学资源

1. 实践教学资源的构成

思政理论课实践教学的资源要素众多，构成丰富。一方面包括以自然形态存在的非生命的自然资源，另一方面包括实践教学所用的人力、文化、科技、信息等社会性资源。其中，社会性资源是大学生思政理论课实践教学资源的主要部分。通常社会性资源主要包括社会活动中与学生生活体验和思政理论相关的各种实物。通常有学生的生活体验、革命历史遗址遗迹、各种多媒体影视资料、蕴含着丰富教育价值的人文景观、社会生活以及网络生活。这些都是开展思政理论课实践教学的宝贵资源。

2. 实践教学资源的开发、利用和管理

实践教学资源的开发、利用和管理是影响实践教学活动实施效果的重要因素。因此，在实现思政理论课实践教学发展的过程中，除了要积极拓展思政理论课教学所需要的各种实践教学资源，还需要对实践教学资源进行有效的开发、利用和管理，为实践教学的顺利开展提供在质和量上有保证的实践教学资源。

第一，校内实践教学资源的开发、利用和管理。校内实践教学资源是思政实践教学资源的主体。这一资源包括与思政实践教学相关的各种校内资源。这些资源主要包括思政理论课修读学生、学校党政干部和共青团干部、学生辅导员和班主任、实践教学对象地区的干部群众等。校内实践教学资源是开发利用实践教学其他资源的主体，在思政理论课实践教学中具有一定程度的主导性。因此，思政理论课实践教学的校内资源的管理水平直接决定着思政实践教学工作开展的水平。总之，要加强思政理论课实践教学校内资源的开发、利用和管理。

第二，实践教学基地资源的开发、利用和管理。实践教学基地是校外实践教学的重要元素。实践基地开发水平的高低实际决定了校外实践教学开展的水平。因此，为课外实践教学的顺利开展，学校应积极与校外单位合作建立一个长期稳定的实践教学基地。校外实践教学基地可以是实验室、博物馆、历史遗迹、名人故居等。

实践教学基地应按照环境友好、主题鲜明、功能完善、管理规范、相对稳定的思路建设，最终实现课外实践教学的全面推进。实现以上这些要求需要从以下几个方面做起。

第一，实事求是，做好实践教学基地的合理规划。实事求是地做好校外资源的规划是建好实践教学基地的第一步。在建设实践教学基地之前，首先要了解学校自身的需要，其次做好规划，对实践教学基地建设的可行性和实践教学基地的有用性展开全面的讨论。发挥学校所有实践教学基地整体的育人功能。

第二，把实践教学基地建设与学生现有生活实际结合起来，开发现有实践教学基地的育人功能。有一部分高校存在现有实践教学基地利用率不高的现象。这些学校建设新的实践教学基地已经显得没有必要，而且在对实践教学基地开发、利用、管理中，最重要的是实践教学基地的利用，不能只开发不利用，做政绩工程和面子工程。因此，学校要认真调查学生的实际需要，提高现有的实践教学基地的利用率。

第三，加强实践教学的综合管理，展开校际共享与社会共享。实践教学基地的开发需要很多的经费支持，因此，如果能够加强实践教学基地的重复利用，则能大大节省实践教学基地建设经费。这对突破思政实践教学的经费困境具有重大的意义。

二、加强社会实践

（一）加强宏观管理

大学生社会实践活动的宏观管理关键在于大学生社会实践活动领导机制、指导机制、激励机制和保障机制建设。

1. 建立领导机制

建立校、院（系）两级领导机构。在此基础上，建立和完善包括责任制、督查制、报告制等在内的领导机制。每种类型的社会实践活动都要明确责任部门和责任人,形成齐抓共管、一级抓一级、层层抓落实的工作局面。校级领导机构要在明确责任分工、优化资源配置、协调工作冲突、进行督促检查、开展专题培训等方面发挥主导性作用;院(系)级领导机构要在策划部署、人员配备、考核评定、社会实践基地建设等方面发挥关键性作用。教学管理部门要抓好属于"第一课堂"的专业实习类、军事训练类社会实践活动;学生管理部门、党群组织要抓好属于"第二课堂"的生产劳动类、社会调查类、勤工俭学类、科技服务类、志愿服务类和挂职锻炼类社会实践活动。

2. 建立指导机制

没有高水平的专业指导,就不可能有高质量的社会实践活动。建立校、院(系)两级指导教师团队,在此基础上,要进一步完善指导机制。一是通过加强课程建设,建立和完善大学生社会实践培训课程体系及课酬制度,推进校级指导教师团队的知识化和专业化;二是通过建立大学生社会实践指导教师进修培训制度和活动补助制度,来推进院(系)指导教师团队的建设。

3. 建立激励机制

社会实践活动的最终受益者是学生。如果学生在活动中缺乏积极性,只是被动地参与,那么这样的社会实践活动就毫无实效性可言。因此,必须从学生在社会实践活动中可以获得什么,或者说作为施教者可以通过社会实践活动给予学生什么这个根本问题出发,建立完善的激励机制,才能实现学生从"要我参加"到"我要参加"的转变。对于专业实习、军事训练、生产劳动、社会调查等"必修科目",除了要根据不同情况,给予学生一定的交通补助和生活补助,同时还要通过总结表彰大会对表现优秀的个人和集体进行公开表彰。对于勤工俭学、科技服务、志愿服务和挂职锻炼等"选修科目",要建立学分奖励制度。一是探索和建立勤工俭学、志愿服务和挂职锻炼时数与学时之间恰当合理的换算关系,为进行学分奖励提供可靠的基础;二是根据科技服务时间以及科技项目获奖情况,对学生进行学分奖励。

4. 建立保障机制

开展大学生社会实践活动是有成本的，也是有风险的，因此，有必要建立大学生社会实践投入机制和风险机制等保障机制。一是要建立学校、学生和社会三方共同参与的多元投入机制；二是要建立社会化的风险保障机制。学生在参加社会实践活动中存在各种不确定因素，容易发生这样或那样的安全事故。因此，除了对带队老师和广大学生进行安全教育、采取必要的安全措施之外，还要为每一位学生购买商业保险。实践表明，购买商业保险是一种规避风险的稳妥可行的办法。

（二）关注基地建设

实践基地是专门为学生社会实践而成立的一个基地或者机构。"三维实践基地"则着力从社会实践、科技实践、创业实践三个方面大力推进大学生社会实践基地建设。如果将"社会实践基地"和"科技实践基地"比作培养学生基本实践能力的 X 轴和 Y 轴，那么"创业实践基地"就是培养学生整体综合实践能力的 Z 坐标轴，故将此三者称为培养学生综合素质的"三维实践基地"。

1. 社会实践基地

一方面，大学生可以充分结合区校、村校、校企共建服务活动，在区县、农村企业建设基地；另一方面，大学生还可以以班级、院系、社团等组织为单位，就近建立实践基地，各实践队伍与各实践对象可以建立长期的合作关系。同时，不同年级的学生还可以采取"以老带新"的方式组团开展活动，增强实践基地的传承性，为更多大学生经常性地参与社会实践活动提供机会和渠道。这种校外结合专业特点、自身优势参加社会调查、实际生产、企业管理的方式，不仅能为社会和企业提供技术服务，还可以帮助大学生通过社会实践提升专业技能，锻炼适应社会的能力。

2. 科技实践基地

高校通过开展诸如全国"挑战杯"科技竞赛、国家大学生创新性实验计划等活动，并结合科学商店项目（大学生科普志愿者进社区）在校内建立大学生科创中心，作为科技实践基地。同时，高校可以开展各项科技文化活动,为巩固科技实践基地奠定基础,提高学生参与科技实践基地的积极性,并鼓励完成一定创新实践并取得成果的大学生,由学校组织专家审核认定后,奖励一定的学分。从科技创新的角度承认大学生的科技成果,这样学生科技创新能力的提高反过来激发学生进一步学好科学文化知识和积极参与科技实践基地建设的兴趣,形成了良性循环。

3. 创业实践基地

学校不仅要满足学生创业实践的基本要求,还要通过开展系统的创业教育、选修课程和个别指导对学生进行创业知识培训,鼓励学生把自己的所学所思运用到创业活动中。不仅如此,在学校统一指导下,学校相关部门与社会相关企业建立创业实践基地,学生就可以将在创业计划竞赛、大学生课外科技作品竞赛等各种竞赛中的作品和创意应用到创业实践中,从而提高理论与实践结合的主动意识,增强学生创业的积极性。

(三) 加强社会实践的育人功能

1. 正确地认识实践活动在思政教育中的重要作用

要使各种社会实践活动顺利而有序地开展,必须对社会实践活动有正确的认识。在大学生思想道德建设中,既要认识到社会实践活动的重要作用,积极开展各项有意义的活动,也要做好活动的各项保障工作,避免安全事故的发生。尤其要避免盲目的活动,例如媒体报道的某些大学生自发进行的探险活动,由于缺乏对活动可行性的策划和安排,参与者的人身安全没有保障,也给国家行政管理资源造成不必要的浪费。特别要克服两种错误倾向:一种认为活动越多越好,结果是活动太频繁,参与者感到疲惫不堪,既影响了中心工作,又冲淡了大学生的参与热情;另一种是因为在活动中出现问题而不敢开展活动,谈"活动"色变的倾向,产生"一朝被蛇咬,十年怕井绳"的心理,认为开展社会实践活动越多,出问题就越多,出了问题不是去思考问题产生的原因,总结社会实践活动的经验教训,而是把问题简单归结于活动本身,认为不开展活动问题就不会发生。这两种倾向对于充分利用社会实践活动载体都是有害的,必须在大学生思想道德建设中加以克服。

2. 设计和安排时效性强的社会实践活动

开展社会实践活动，要精心设计，合理安排，加强组织领导，力求解决实际问题，突出实效。以社会实践活动为载体开展大学生思想道德建设，不仅要考虑社会实践活动的必要性，而且要研究社会实践活动的可行性和针对性，力求社会实践活动有意义并取得好的效果。开展什么样的活动，应当在事前做好精心设计，做出科学合理的安排，要处理好中心工作与活动之间的关系。特别是要避免为搞活动而活动、放弃中心工作的做法。在活动中，尤其是具有一定规模的活动，如果缺乏有效的组织领导，就会使活动混乱不堪，不但达不到预期效果，而且会使参与的大学生产生抱怨情绪，活动也将毫无意义。是否能发挥社会实践活动的有效作用，关键看活动的内容和形式是否为大学生所需要。也就是说，各种活动都要坚持以人为本，以满足大学生的物质生活和文化生活需要作为出发点。

3. 开展丰富多样的社会实践活动

第一，主题意义明确。实践团队应结合学校特色、社会热点、市场需求，从本专业实际出发，确定实践主题。各基层实践单位可以在主线不变的情况下根据自身实际情况设定分主题。同时，社会实践是学生接触社会、了解现实、主动学习、自主发展的有效途径。社会实践主题的确定重在调动学生自主参与的积极性，增强他们参与活动的浓厚兴趣。主题应简单易行，便于操作，让学生在探究与实践过程中增进知识，开阔视野，提高团队意识和合作精神，切切实实成为学生在实践中接受教育的有效途径。

第二，实施方式灵活。为实现让大学生通过社会实践这种方式，更真实客观地观察社会，主动接受外部世界考验的目标，社会实践在实施过程中应注重实施方式的灵活性与实践形式的多样性。在实施过程中宜以院系、班级团支部、专业、课题组、社团、兴趣爱好等方式组团，拓宽实践活动领域、丰富实践活动内容，因地制宜，可采用理论宣讲、社会调查、学习参观等方式。

三、深化创业教育

(一) 开设创业课程传授创业知识

各高校要把创业教育教学纳入学校改革发展规划,纳入学校人才培养体系,纳入学校教育教学评估指标,创造条件面向全体学生单独开设"创业基础"必修课,并支持有条件的高等学校根据办学定位、人才培养规格和学科专业特点,开发、开设创业教育类选修课程(含实践课程)。

(二) 宣传创业典型营造创业氛围

随着越来越多的大学生投身创业实践,不少成功创业的先进典型人物不断涌现,成为高校开展创业引导、营造创业氛围的宝贵案例资源。教育部、各地教育主管部门组织开展了创业先进典型评选活动,各高校通过参加评选,全面梳理了近年来表现突出的自主创业典型案例材料,通过"创业校友面对面"、自主创业案例集、自主创业宣讲报告会等形式,不遗余力地宣传创业事迹,激发在校大学生的创业意愿,取得了良好的实际效果。

(三) 搭建实践平台加强创业实践

为鼓励大学生积极开展创业活动,培养创业能力,高校可以建立联通青春创业社,为大学生创业项目提供场所和经费支持,同时为拓展大学生就业空间,提高大学生就业能力,学校相关部门可以积极与就业指导中心密切联系,搭建大学生与单位之间接触的平台,组织各学院大学生通过企业参观、座谈交流、走访校友、问卷调查等方式了解就业单位、就业人才市场需求,明确自身努力方向,从而取得良好效果。

(四) 举办创业活动强化创业实践

各高校以"第二课堂"为辅助,广泛开展创业计划竞赛、创业讲座、创业实战赛、创业见习、企业家论坛、创业者沙龙和企业参访等活动,推出了"企业家进校园"、创业成功人士访谈、暑期创业实战赛、创业成长训练营等精彩纷呈的品牌活动。同时,不少高校探索开展创业骨干培训,面向有创业意愿的学生开设"创业骨干培训班""创业训练营""创业大课堂"等，挖掘、培育创业苗子，对具有相对成熟创业意向的学生进行"一对一"指导。此外，以"挑战杯"全国大学生课外学术科技作品竞赛和中国大学生创业计划竞赛为代表的各级、各类创新创业赛事也是高校开展创业教育的重要平台。

四、鼓励科研创新

现代大学的功能已拓展到人才培养、科学研究、社会服务和文化传承创新四个方面，其中人才培养是高等教育的本质要求和根本使命，四大功能围绕这一核心有机互动、相互支撑，才能为内涵发展打开更大空间。科学研究对于创新型人才培养具有特殊重要意义。科研创新，既是提升大学生专业知识水平和创新创造能力的前沿阵地，也是促进产学研紧密合作、实现现代大学功能的必要途径。

我国高校加快科研创新促进人才培养的做法主要有以下几点：

（一）积极鼓励科研实践

各高校鼓励教授、研究生导师尽可能接纳本科生参与科研实践、学术讲座与学术研讨，指导本科生的课余科技兴趣小组活动；以校内高水平的重点实验室、各学科的科研机构、工程基地为依托，将创新教育融入科研训练、毕业论文、课外活动等教学环节中，提升创新教育的水平；鼓励师生以携手发表论文、申请专利、参与竞赛等方式，提高成果的显示度和辐射效应。

（二）深入推动产学研合作

产学研合作不仅仅是促进科研成果的转化和加强社会多元主体联系的动力机制，更是创新人才引进和培养的重要途径及实现人才强国战略的动力机制。主要形式包括：校企自主联合科技攻关与人才培养，共建研究中心、研究所和实验室，建立科技园区实施科学研究与成果孵化等。

（三）大力加强教学科研互动

高校不断以国家级、省级、校级精品课程建设为抓手，及时将科研成果转化为教材和教学内容；高校哲学社会科学工作者坚持科研反哺教学，将科研理念、科研方法、科研成果引入课堂教学、实践教学、教材（讲义）编写、毕业论文（设计）的指导等人才培养环节中，实现了教研互动、教研相长。

（四）搭建学术交流平台

高水平学术讲座活动对学生把握学术前沿、开阔学术视野、提高综合素质具有重要意义。高校积极构建完整的学术报告和讲座制度，通过不断加强品牌论坛建设，开展多种形式的学术活动，繁荣发展校园文化、提升大学生科学素质和人文素养。一些高校经过多年打造，形成独具影响的学术品牌论坛。

第三节 思政教育校园文化的创新

一、思政教育校园文化的概述

校园是开展思政教育的主要场所，而校园文化则是在教师和学生学习生活过程中自发形成的一个体系。将思政教育寓于校园文化建设中，既是利用校园文化这一种渠道教育大学生，又是把这一先进文化同社会主义先进文化更加贴近的举措。

（一）校园文化的内涵

校园文化，实际上就是除了课堂以外的所有与教师和学生相关的教育活动。校园文化是一个内容复杂、形式多变的综合体：思维活动、文化环境、道德关系以及人际关系都有可能成为校园文化的一部分，从而直接或间接地对教师以及学生产生影响。校园文化是高校不可或缺的一部分，它是在长期教学与实践过程中逐渐形成的具有自身鲜明特色的标签，更是彰显该校学生思想观念区别性的重要标志，是学校最生动、最鲜明的名片。

（二）当前高校校园文化的主要特点

随着我国改革开放和全球化步伐的日益加快，随之而来的文化多元化、意识形态多元化、生活方式多元化等，呈现由"一"到"多"的特点，且当下信息高速传播，渠道日趋丰富。外来文化冲击着原有的文化模式和思维方式，使当下的校园文化呈现出新的特点。

1. 丰富与多样的校园文化内容

全球化带来了物质和文化上的极大丰富，新的观念和方法也随着文化一同被注入人们的生活。不同文化之间不可避免地互相渗透、吸取，这种互相吸收和补充，形成了"你中有我，我中有你"的局面。但这也对原有的文化观念提出了挑战。如何做好不同文化的相互融合，做出正确的价值判断，需要较高的判断力和分析力，这对个人素质提出了要求。在校大学生正处在身心快速发展阶段，他们涉世未深、阅历较浅，对很多社会现象还不能很好地把握，且极易受鼓动和影响。加上国际上社会思潮的涌入，这为大学生的成长提供机遇的同时，也给各高校提出了培养的难题。高校需要提升大学生的文化甄别能力，这样才能尽量避免负面效应。

2. 传统与开放的文化理念交融

校园文化作为校园里的一种精神文化，对学生的教育引导功能是十分明显的，因而，它必须是在长期的实践检验中不断完善和延续而形成的。校园文化元素本身就包含相对稳定和传统的成分，在历史的积淀中，逐渐被广大师生所接受，具有一定的社会影响力。但现代社会，新的文化思潮带来了许多与传统不太相同的理念，若一味地因循守旧，延续陈旧的做法，必然会和学生当下的生活理念发生冲突，容易遭到质疑。校园文化必然要兼收并蓄，广泛吸收新文化理念，进行加工改造，以更具时代色彩的新形式出现，从而为己所用。因此，校园文化本身又必然具有一定的开放性，应主动融入大学生的学习生活中，实现双向互动。

3. 多元化的文化选择

当下的文化交融日益增多，学生在校园里接受各种文化气息的熏陶，思维活跃，长于思考，因此不同类型的文化在大学校园里很容易引起共鸣，产生作用。要进行选择，做出适宜的价值判断，学生们必须进行全面的了解，凭借敏锐的观察力，通过缜密的分析，根据自身实际情况做出取舍，这样才能促进个人的健康发展。例如先前在一些学生中出现的拜金主义、享乐主义等，即是对一些外来文化的盲目追求、片面理解、曲解和误解。在当前多元文化背景下，本土文化被越来越多的国外文化观念影响，不能简单地沿用和吸收这些异域文化，而要对其进行甄别。校园文化建设是对学生进行思想引领的重要方面，对学生的世界观、人生观和价值观有深刻的影响。

4. 创新性的校园文化评价标准

校园文化建设的目的是要实现育人的效果。不同的时代背景和社会需求，对人才的要求也是不同的。学校培育的人才要能适应社会发展、实现自我完善，因此，育人的理念不是一成不变的，要能与时俱进，适当地进行调整。当今社会，全球联系广泛加强，高新技术快速更新，经济发展日新月异，文化交融错综复杂，这对学校育人提出了更高的要求，要求高校培育出满足社会多元需求的复合型人才。这同时要求学生要有国际化视野，与经济全球化、教育国际化和文化多元化等时代特点相适应，全面提升综合素质，因此，校园文化的评价标准也会随之发生变化。

二、高校校园文化对思政教育的作用

（一）校园文化建设是社会主义精神文明建设的重要组成部分

高校校园文化是社会主义文化的一部分，是社会主义精神文明建设的重要内容。在校园文化建设过程中，我们应该坚定地以马克思主义、毛泽东思想、邓小平理论、"三个代表"重要思想、科学发展观和习近平新时代中国特色社会主义理论作为校园文化发展的方向，用先进的马克思主义中国化理论引导学生思想观念的转变，发挥校园文化作为思政教育的一个重要载体和途径。

确立校园文化中的共产主义信念，以共产主义信念引导大学生的发展方向。高校校园文化作为我国社会主义精神文明建设的一个重要组成部分，同社会精神文明建设中的其他优秀文化成分是统一的，因此，在高校校园文化中积极地引入社会精神文明建设的其他优秀成果，使大学校园文化会同其他精神文化引导大学生思想观念的发展，保证社会精神文明建设目标的实现。

(二) 校园文化是大学生思政教育工作的重要途径

首先，高校校园文化具有追求务实、追求崇高的凝聚力。在当代，这种崇高的精神境界就是"以人为本"的人文精神，"求真务实"的科学精神，"着眼未来"的超越精神和"自强不息"的奋斗精神。正是这些精神因素的存在，才能聚集成建设有中国特色社会主义的共同理想，把师生的智慧和力量团结到构建和谐校园的共同事业之下。

其次，校园文化对大学生具有重要的教育导向作用。正是通过校园文化丰富多彩的方式，让大学这个特殊群体的人们都得到一种文化品位的熏陶和大学精神的培育，从而形成志存高远、爱国敬业、为人师表、教书育人、严谨笃学和与时俱进的优良教风；勤于学习、奋发向上、诚实守信、敢于创新的良好学风，以及崇尚科学、严谨求实、善于创造的具有时代特征和学校特色的良好校风。正是具备了优良的教风、学风和校风，大学文化才能够实现培育、塑造人的作用，促进人们自觉追求和谐相处，大学生才会从这种教育的耳濡目染中感悟到社会主义、爱国主义和集体主义教育的真谛。

最后，校园文化具有源源不断的创造力。大学作为思想最活跃、最富有创造力的地方，以及新知识、新思想、新文化的策源地，其创造力主要来自担当社会责任的知识分子群体追求真理、体现公平正义的社会理想，他们发挥着文化对社会进步的强大影响作用。

文化作为一个维系民族、社团、集体的共同价值取向，使更多大学生在对这一共同认知追求中，走向"真、善、美"的人格道路。

(三) 校园文化建设有利于提升青年大学生的素质

大学生主体的全面自由发展是高校校园文化建设实践中的价值目标。在校园文化建设中，大学生承担着主客体合一的身份。校园文化为大学生借鉴他人经验进行自我教育提供了一个良好的场所，因此从这个意义上说，校园文化是基于大学生自主选择性的大学生的自我教育。因此在校园文化建设中，各级领导部门坚持弘扬主旋律，要对大学生进行世界观、方法论的教育，提高他们分辨是非的能力，自觉抵制不健康文化的影响，为青年大学生的全面发展提供更为广阔的空间。

三、校园文化在思政中的建设途径

（一）遵循校园文化建设原则

1. 坚持主旋律与尊重多样性的统一

大学是人类文化传承、创新与发展的重要基地。大学不但要传承和创新知识，更要熔铸、守望人文精神，肩负起文化传承的历史使命。校园文化建设是实现这一使命的必然途径，是学校精神文明建设的重要基础和重要前提。

学校必须建设一个文化层次较高的校园文化环境，传承大学精神，使广大青年学生能养成良好的思想道德品质。校园文化建设必须坚持正确的政治方向、价值导向和审美导向，贯彻党的基本路线和教育方针，高扬社会主义、爱国主义和集体主义主旋律。

当今社会处于文化井喷时代，各种类型的文化层出不穷，相互交融并得以发展。这种背景下，社会发展必将呈现出更大的开放性和适应性，文化多样性将成为一种必然趋势。历史无数次证明，保守和封闭只能走向停滞和僵化，建设高水平的校园文化必须使校园与社会联网，走开放之路，尊重主体多样性的发展。

当然，尊重校园文化多样性并不等于忽视主旋律建设的精神引领作用。文化主旋律和文化多样性是相互促进的关系，也就是必须坚持主旋律与尊重多样性的统一，这才是对校园文化建设应该持有的态度。

2. 坚持积淀传承与创新发展的统一

文化是历史形成的。不经过一定的历史积淀和传承，文化的优秀品质难以体现。在学校长期发展的历史积淀中形成的、具有相对稳定性的文化传统意识是现代校园文化传统中最宝贵的部分,是大学抵抗挫折、谋求发展的顽强生命力的底蕴所在,是一所学校的灵魂,是一个学校精神与氛围的集中体现,也是学校赖以生存的根基,更是学校可持续发展的精神动力,对于稳定大学的风格和水准具有至关重要的作用。

大学能够得以持续健康发展的推动力源自优秀的学校校园文化。学校校园文化的建设与创造,既是一个继承、借鉴、创新的综合过程,也是一个德育与智育、科学与价值以及人与人相互作用、相互促进的复杂过程,需要精心构建,要在理念上精心提炼,在实践中长期培育。传承学校的特色与优势文化依靠学校师生的共同努力与不懈创造。

3. 坚持立足国情与面向世界的统一

面对经济全球化的挑战,校园文化不能回避,而应积极主动地融入世界大潮中,通过与大风大浪的搏击,使自己的羽翼逐渐丰满,从而实现国际化与民族化的统一,实现自身的完善和发展。

从根本上说,对待面向世界和立足国情的态度与我国对外来文化和传统文化的态度是完全一致的。对外来文化和传统文化,校园文化的基本原则是采取分析、辩证的态度,积极利用其合理成分,并结合具体情况加以批判继承、消化吸收。这也是我国在看待面向世界和立足国情时的总方针。但长期以来,校园文化在实际发展中,往往偏离或忽视了这个方针,完全凭主观臆断,感情用事,这是制约校园文化发展的重大问题。

(二)加强组织领导建设,完善校园文化建设机制

1. 加强组织领导

所谓大学校园文化建设的合力与共谋,除了内部合力问题之外,对于外部应该从两个方面予以考察:一方面强调大学校园文化建设要与外部环境相适应,另一方面要强调外部环境促进大学校园文化的建设与发展。

在大学校园文化建设中,政府可以从自身职能出发,利用间接的宏观管理方式促进其建设发展。具体方式包括四种:一是政策方式,即通过制定相关政策来引导学校进行文化建设的行为;二是经济方式,即在拨款、资助、投资、奖励和招标等教育经费分配过程中通过合理的倾斜来调整提

高文化方面的投入；三是信息服务的方式，即通过提供信息服务来使学校有选择地决策自己的行为；四是监督评价方式，政府教育部门通过检查、鉴定、评估等活动来对文化建设情况进行检查监督。只有内外兼修，调动多方面的积极性，才能整合资源，凝聚力量。

2. 完善校园制度

大学校园文化需要制度框架的支撑，大学校园文化是娇嫩的花朵，高贵的理念也只有在与之相容的正式制度下才能存在并得以发扬。因此，只有完善各项制度措施，大学校园文化的凝聚力和创新力才能竞相迸发，大学校园文化才能卓尔不群、历久弥坚。

具体来说，各项制度措施的完善必须着眼于以下几个方面：

第一，在起点上，一项制度措施的制定与完善首先要建立在民主和法治的基础上，反映在大学校园文化中，就是依法治校和民主管理，基于这样的逻辑前提，才有可能营造一个宽松和谐的学术环境，发扬批判和独立的精神，鼓励教师进行开创性研究。

第二，在转变学校行政职能方面，要更多地体现"精神性"而非"物质性"，"全员性"而非"科层性"，加强教授治学、教师参与学校学术事务管理的权力，唯有如此，学术权力才能超越行政权力。

第三，各学科的高度交叉和融合是当前全球语境下学术发展的必然选择，因此，要改革现有的学科和科研管理的组织模式，不断地提高大学的学科和科研的管理水平，以更好地适应现代学科的发展，促进学科的交叉和科技创新。

(三) 加强校园物质文化和精神文化建设

1. 校园物质文化

建设校园物质文化主要是指学校的基础设施建设。一所好的高校一定是拥有良好的校园文化精神。在物质文化层面，就是校园整体布局科学、合理，注意校园绿化建设，体现人文关怀，教学区、实验区、宿舍区、活动区等建设合理协调。高校可以利用公共场所的名人雕塑，陶冶大学生日常的精神生活，这些标志性建筑应该体现"真""善""美"的价值理念，可以将名人警言张贴于公共场所或室内。同时，高校的校广播电台、校内网络、校报、校刊、校电视台也应大力宣传社会主义核心价值观，使学生在潜移默化中受到社会主义核心价值观教育。总之，高校要加大对校园文化的"硬件"设施投入，充分利用好校园中的各种文化载体，增强大学生思政教育的影响力和辐射度。

2. 校园精神文化

校园精神文化是大学的内隐文化，是在长期的校园物质文化、制度文化创造过程中积淀、整合和提炼出来的。校园精神文化包括学校所有成员的群体意识、舆论氛围、精神风貌、人生态度、心理素质、价值取向、人际关系、思维方式和教风学风等。高校要通过大学精神来体现大学生思政教育的目标。在具体实施上，高校可以将道德教育体现在校训、校歌、校徽、校标上，以一种奋发向上的精神鞭笞大学生、激励大学生，这同时是良好的校风建设。高校要使大学生形成自我教育的习惯，要尊重学生的首创精神，要使民主之风在学校中蔓延，要完善评价激励机制，要高调表彰先进、树立典型，使良好校风浸染每个大学生的心灵。

第四节　思政教育新媒体环境创新

一、思政教育者在新媒体环境中的转变

（一）新媒体环境下对大学生思政教育者媒介素养要求

新媒体已成为人们日常生活中须臾不可分离的有机组成部分。良好的媒介素养不仅是网民个人发展和营造良好网络环境的需要，也是维护社会稳定、促进社会和谐发展的需要。因此，随着新媒体技术的发展，大学生思政教育工作者必须实现自身的"媒介化"，不断提升自身的媒介素养，从而开拓大学生思政教育工作的新局面。

1. 大学生思政教育工作者应不断加强自身的媒介能力

大学生思政教育工作者的媒介能力是指高校思政工作者利用媒介增强思政教育工作效果的能力。思政教育工作者应该具备四个方面的媒介能力，即媒介的运用能力，媒介的批判、反思能力，分析、制作信息的能力和培养大学生媒介素养的能力。

（1）媒介运用的能力

媒介运用的能力是指大学生思政教育工作者熟悉媒介基础知识，能够运用媒介设备进行思政教育工作的能力。媒介的运用能力是大学生思政教育工作者必须具备的能力。思政教育工作者只有在了解网络基础知识、熟练运用网络设备的基础上，才能准确使用网络工具，对网络信息进行检索、存储和制作。网络时代，大学生思政教育工作者媒介的运用能力中，除了具有利用网络媒介信息能力外，还要具备使用各种教学媒介的能力。

首先，大学生思政教育工作者要熟练掌握各类网络常用信息媒介的操作。其次，要有较高的外语水平。网络时代，思政教育工作者的外语水平特别是英语水平，已经成为衡量大学生思政教育工作者综合素质的重要依据。信息技术的飞速发展和互联网的广泛应用，使全球信息实现快速融合。国际上最新的网络技术的交流和使用，很多是通过英文向世界推广，大学生思政教育工作者具有较高的英语水平，有利于掌握网络的使用情况，提高获取信息的能力，进而提升网络的使用能力。

（2）媒介的批判、反思能力

媒介的批判、反思能力是指大学生思政教育工作者运用马克思主义基本原理，结合现有的知识储备，对媒介信息进行科学鉴别，揭示信息背后所隐藏的意识形态、商业和情感等诉求，从而保持对信息的清醒认识的能力。媒介的批判、反思能力不仅是网络健康发展的内在要求，更是民主社会的重要特征，体现了大学生思政教育工作者媒介素养的核心能力。

媒介对信息既有反映实际，又有再造现实的功能。信息经过媒介体制的中转环节，被融入政治、经济、文化等多种因素，具有强烈的意识形态和价值观取向。资本主义国家一些媒介信息，渗透着资产阶级的意识形态和价值观。思政教育工作者要对此保持清醒的头脑，分清正误曲直、有用或无用的媒介信息和行为。这样才能在不良的媒介信息面前，保持正确的立场态度，不轻易步入西方自由化思想的泥潭。同时，大学生思政教育工作者应当培养自己成为积极的受众，注重媒介批判性意识和反思维能力养成。在工作、学习、生活中，大学生思政教育工作者应该学会符号分析的办法，对所传播的媒介信息的内容有自己的独立判断与态度，并能够进行反思，利用网络、报纸与广播及电视媒介合理地表达自己的观点，增强信息的过滤能力和免疫能力，进而提高自身的媒介素养和水平。

（3）分析、制作信息的能力

分析、制作信息的能力是指大学生思政教育工作者利用已经获取的有价值信息，遵循大学生思政教育基本原理，结合新媒介的应用，分析、创作出适合大学生思政教育工作材料的能力。新媒体时代，信息技术快速发展，大学生思政教育工作者除了掌握思政教育基本功外，还应适应新媒体时代要求，注重自身能力结构的完善，具备创造性分析、制作信息的能力。

这种创造性的信息制作能力主要表现在两个方面。

一是具有较高的信息整合能力。新媒体时代，信息数量呈级数增长，大学生思政教育者不能仅仅简单地把信息堆砌起来，还必须集各媒体之所长，通过网络等媒介来获取国内外发生的重大事件，综合运用文、图、声、像等多种表现手法，对所收集的信息资料进行汇编整合、加工提高，使之体现深层次的内涵。

二是具备创新大学生思政教育的能力。新媒体时代，信息的迅速更替和传播速度日益加快，在激烈的意识形态斗争中，谁能够充分利用各种媒介资源，创作出大学生喜闻乐见的积极向上的思想"作品"，谁在争夺意识形态斗争主动权时就具有优势。为此，大学生思政教育者应当适应新媒体时代的要求，拓宽大学生思政教育工作新选题，凸显独特风格，积极探索大学生思政教育工作新方法，始终站在时代前沿，形成与大学生共同交流、共同进步的思政教育的新局面。

2. 大学生思政教育工作者应具有敏锐的网络信息意识

互联网的普及，产生了大量网络用语，而网络语言只有放到特定的语境中才能理解其真实意义。如果大学生思政教育工作者不具备新媒体意识和一定网络技能，就不能了解学生非常熟悉的网络用语，就会产生信息流断路现象，有时还会产生误会。思政理论教育工作者必须具有敏锐的媒介信息意识，很好地利用网络这种媒介信息平台，掌握大学生的沟通方式，保证与大学生之间交流顺畅，使师生间互动交流向良性发展，这样思政教育工作才会达到预期效果。

（1）思政教育"网络化"意识

毫无疑问，网络是一把"双刃剑"，它给人们带来前所未有的极大便利的同时，也带来了诸多困境和困境之下的焦虑。随着市场经济和媒介产业的快速发展，处于转型期的我国大众网络，受到市场经济、外来文化等多种因素的影响，商品性、娱乐性、消费性凸显。虚假信息、低俗内容、网络欺诈等方面的问题屡见不鲜。此外，网络系统发展的不平衡，带来了全球范围的信息不平等，文化霸权、网络殖民应运而生。网络使世界变成"地球村"，然而"村内"的疏远、隔阂和冲突无处不在。为此，大学生思政教育工作者应该具有"网络化"意识，积极适应网络时代特点，转变思政教育工作理念和作风，要充分认识网络思政教育的重要意义，要借网络之势，拓展工作阵地，增强思政教育话语权。引导学生关注时事政治，对国外资本主义国家和国内社会主义制度分别进行研究和分析，帮助大学生了解我国政治、经济、文化、社会制度的优越性，增强当代大学生的民族自豪感和爱国主义热情。

（2）思政教育资源收集、分析与处理的意识

思政教育的资源收集是大学生思政教育的首要任务。在大学生思政教育过程中，信息资源是灵魂，具体、准确、及时的信息是提高思政教育有效性的关键。从信息资源的角度出发，大学生思政教育工作的开展过程就是获取、选择、传播信息的过程，即大学生思政教育工作者掌握思政教育的主动权，用准确、生动、恰当的信息影响大学生思想观念和精神状态的

过程。网络媒体的覆盖面极广，传播信息的手段多样化，因此，大学生思政教育者应更多地走入数字网络世界，在信息的海洋中主动获取更多信息，充分利用现代信息技术拓宽信息收集渠道，加快信息收集速度，随时掌握瞬息万变的社会信息，以及大学生受此影响下的思想波动情况。

在获得大量信息的基础上，要注意对思政教育信息进行控制处理。换言之，大学生思政教育的信息资源只有经过高效、智能的信息系统优化处理，才能由"原料"转换成"战略性资源"，思政教育运用此种信息才能收到良好的教育效果。大学生思政教育工作者必须具有思政教育资源分析与处理的"信息化"意识，通过运用现代信息技术，对大量冗余、虚假、繁杂的信息进行分类、优化处理，使其精确化、科学化。经过对信息的分析与处理，汇总有重要参考价值的信息，以此作为对大学生进行思政教育的主要内容，从而提高思政教育效果。

3. 大学生思政教育工作者应培养崇高的媒介道德素养

媒介道德是指整个媒介活动中信息接收者、使用者、加工者和传递者之间各种行为规范的总和，即整个媒介活动中的道德。新媒体时代，出现了一系列新的媒介道德伦理问题。一方面给掌握了一定信息技术却缺乏自控的大学生带来了诱惑，引发了媒介道德失范现象；另一方面给大学生的思政教育工作带来了危机。当前，高校媒介素养教育缺失，导致对部分大学生进行媒介道德教育处于空白状态，不能有效地帮助大学生抵制媒介给他们带来的不良影响，降低了大学生思政教育工作的实际效果。然而，信息犯罪、网络暴力等媒介伦理道德议题，越来越为人们所重视，对大学生进行媒介信息道德素养教育已成为全球教育人士的普遍共识。在这种情况下，我国大学生思政教育工作者只有自身具备崇高的媒介道德，才能帮助大学生树立媒介道德意识，学会正确使用媒介，从而避免新媒体给大学生带来的负面影响。大学生思政教育工作者的道德素养主要包括如下内容。

（1）媒介伦理道德意识

在新媒体中，人们把媒介伦理道德称为"媒介的第一道防火墙"，网络媒介活动中的一些不文明、不道德现象反映出加强媒介道德建设的重要性和必要性。

大学生既是媒介信息的接受者,也是媒介信息的传播者。为了培养大学生崇高的媒介道德素养,大学生思政教育工作者应当自觉树立媒介伦理道德意识,在思想和心理上建立抵御网上不良信息的防线,树立正确的媒介伦理道德观念,恰当地控制自己的媒介行为,自觉抵制媒介垃圾信息的侵蚀,成为一名文明的媒介使用者。

(2)媒介法治观

大学生思政教育工作者要具有媒介法治观念,全面增强媒介法律法规常识,懂得在法律规定的维度下正确使用媒介及利用媒介信息开展思政教育工作的内容及行为规范。同时,大学生思政教育工作的主管部门,应当组织专门人员制定媒介行为准则和媒介管理有关规定,并做普及化的宣传。只有增强媒介法治观念,思政教育工作者才能正确使用媒介及媒介信息,并对学生开展有说服力的媒介道德教育,进而提升大学生思政教育工作的实效性。

(3)社会责任感

大学生思政教育者除了要担负起大学生的思政教育职能,也要承担起引导媒介舆论导向的责任。因此,其媒介道德水平、社会责任感就显得尤为重要。首先,大学生思政教育者应当具备较高的道德水平。大学生思政教育者应当加强理论学习,明确自身从事职业的职责,并树立积极向上的正确道德观。其次,大学生思政教育者在思政教育工作中坚持知行合一。伟大的捷克教育家夸美纽斯说:"道德的实现是由行动,而不是由文字。"也就是说,道德修养必须付诸实践行动。在工作中,大学生思政教育者要自觉强化媒介道德观念,树立为学生、为社会服务的责任意识。

总之,信息技术越先进,大学生思政教育者就越需要构建适应现代信息技术发展的新型道德观念体系。大学生思政教育者只有具备崇高的媒介道德,才能规范自身的媒介活动行为,更好地对大学生进行媒介道德教育,进而为人类的进步服务。

（二）思政教育者提高媒介素养的创新路径

为适应新时期大学生思政教育工作发展的新情况，我们应全面提升思政教育者的媒介素质，加强对大学生思政教育者的培养，具体做法体现在以下几个方面。

1. 国家完善大学生思政教育的相关法律法规

国家制定一套合理的政策法规，引导社会对大学生思政教育队伍培养的进程，调节整个社会培养的进程，保证培养重点和难点的突破与实现，从而确保大学生思政教育队伍培养具有科学性、针对性和权威性。国家制定大学生思政教育队伍培养的政策主要体现在：第一，应制定加大教育投入政策，通过这一政策的制定，可以形成政府、社会、单位及个人的教育培养投入，为大学生思政教育队伍的培养提供强有力的支持和保证；第二，制定合理的人才引进政策，通过政策的制定可以吸引优秀人才从事思政教育，提升大学生思政教育队伍的整体素质。

2. 加强大学生思政教育队伍建设的理论研究

作为一种新的教育活动，提升教育者的媒介素养已经成为适应时代发展和技术要求的新的教育模式和教育理念。在开展大学生思政教育工作的过程中必须高度重视提升教育者媒介素养的重要性，主动深入研究媒介素养培养的相关理论，努力构建一种适合我国国情、校情的大学生思政教育媒介素养培养理论。

大学生思政教育工作者对媒介素养培养理论的研究，要坚持"以人为本"的思想，以教育人、鼓舞人、引导人为主要目标，紧密结合大学生思政教育的实际工作，同时结合学生所学专业的特点，对大学生关注的热点问题进行深入剖析，体现思政教育的针对性和实践性。

3. 积极开展提升思政教育工作者媒介素养的实践活动

高校作为思政教育工作者媒介素养培养的主要场所，针对大学生思政教育工作者，应该建立起完善的媒介素养培养体系，针对提高其媒介素养进行专门研究，开展大学生思政教育工作者的校园媒体实践等活动，倡导他们积极、主动参与，全面地提高自身的媒介素养。

（1）构建完善的思政教育工作者媒介素养的培养体系

随着新媒体的发展和普遍应用，高校管理者应该看到新媒体应用的前景和优势，重视培养思政教育工作者的媒介素养，结合当前大学生思政教育的工作现状，制订切实有效的方案，定期组织他们参加系统性培训，促进思政教育工作者媒介素养的整体提升。

第一，高校应根据大学生思政教育的现实状况，结合高校思政教育工作的媒介素养水平，安排专门的思政教育工作者媒介素养培养机构，专门负责对思政教育工作者的媒介素养培训进行管理，制订详细的培养计划。大学生思政教育工作者媒介素养的培养机构，应当由学校主抓思政教育工作的领导直接管理，统一负责该校思政教育工作者培养期间的课程安排、教学内容设计，提供思政教育工作者媒介素养培养方面的教师，以及教室、媒体信息、书籍和资金等必要保障。大学生思政教育工作者媒介素养培养机构可以通过指导、咨询、合作等形式对教师的媒介素养进行培养。还可以定期邀请专业人士举办讲座，通过论坛或是专题讲座的方式与思政教育工作者展开交流与沟通。

第二，在高校内应该建立起专门针对大学生思政教育工作者媒介素养培养状况的评估系统，这对提高其媒介素养具有重要的作用。通过评估系统，可以掌握媒介素养培养的实际情况，并根据他们接受媒介素养培养的效果，采取有效的培养措施，从而提高思政教育工作者的媒介素养水平。需要注意的是，大学生思政教育工作者媒介素养培养评估系统在构建过程中，应当根据思政教育工作者媒介素养培养的实际情况，紧紧围绕思政教育工作者媒介素养的培养过程展开，注重理论与实践的结合。

（2）成立思政教育工作者媒介素养培养研究中心

地方教育行政部门或高校应当成立思政教育工作者媒介素养培养研究中心，专门从事提高思政教育工作者媒介素养的研究工作。具体来说，研究工作的展开可以通过以下三个方面进行。

第一，召集专门从事大学生思政教育工作的学者和专家就大学生思政教育者媒介素养培养问题进行课题调研和探讨，从而提出最佳培养方案。

第二，通过聘请的方式，听取社会上从事思政教育工作者媒介素养相关领域的专家的意见，来对高校媒介素养培训工作进行改进和提高。

第三，要全面了解高校思政教育工作者的个人信息，然后按照性别、年龄、学科等指数选取媒介素养的差别样本，从整体上对大学生思政教育工作者的媒介素养有全面认识，然后有针对性地进行研究和分析，从而就本校思政教育工作者媒介素养设定最为恰当的培训方式。

二、思政教育工作在新媒体环境中的载体创新

（一）开拓以互联网为平台的思政教育阵地

新媒体作为当代最具有革命性的科技成果之一，以一种全新的信息传播方式加速了思政教育的知识传播，更好地满足了思政教育者和受教育者之间双向互动的需要，推动思政教育不断地发展和完善。

网络集知识、娱乐、趣味和政治于一体，包含声、像、图、文等各种信息，具有虚拟性、及时性、丰富性和共享性等特点，发展非常迅速，成为当今社会信息传播的主流媒体。全面、深入、创造性地进行大学生思政教育的过程中需要利用网络开辟新的教育阵地。

1. 互联网的基本特征

（1）虚拟性

网络的虚拟性是指把人的实践活动转移到以网络为基础的比特空间。网络是一个比特空间，它是用户交流信息的一个虚拟空间，在这个虚拟空间里，人的网络行为其实也是虚拟的，只不过由于技术的原因，使人感觉身临其境。人们可以按自己的喜好来设计在网络中的形象、语言，因此身份通常是不真实的。

（2）平等性

平等性主要是指网络用户之间的关系是平等的，每个用户既是信息的接收者，也是信息的传递者。在网络世界，不受地域和国界的限制，信息在网络中可以自由传播，到达世界上任何一个联网的终端。在网络中，无论是谁，无论任何思想、言论、话题都有一个表达的地方。和其他交流手

段相比，信息交流受到的束缚和影响比较小。人们在网络上是平等的，没有身份、地位的约束，只要有上网设备，就可以在网络中获取你想要的信息。可以说，在网络中，实现了用户人人平等。

（3）创新性

创新是网络的生命力所在，创新性成就了网络的现在。网络的创新性源自网络的平等、开放与自由。网络巨大的潜力给每个国家、每个组织、每个个人提供了全新的机会。加上网络本身充满着无数不确定因素，充满着无限的可能性，因而，在竞争激烈的网络世界，每个国家、每个组织、每个个人在网络方面都可能成功，也都可能失败，关键在于有没有创新性。

2. 网络对于大学生思政教育具有重要的引导作用

网络通过终端将千家万户联结在一起，将使用网络的每个人联结在一起。大学生通过网络可以实现和网络上每个个体的实时对话。大学生思政教育者以网络为载体可以实现和大学生的即时互动，大大地提高了思政教育的时效性。

（1）有利于高效便捷地传递大学生思政教育的信息

高效便捷地传递信息是网络的一大特点。思政教育者可以在第一时间将对热点问题的导向性看法录入网络，可以在第一时间和大学生展开互动。思政教育者可以将民族精神教育、道德教育题材的电影、纪录片或短片载入网络，实现不同大学生个体的资源共享。思政教育者可以通过在线消息平台及时向大学生发布学校或班级的纪律要求，随时随地实施教育。

（2）有利于以丰富多彩的形式开展思政教育

网络集多媒介于一体，以丰富多彩的形式展示信息。思政教育者在网络上可以把向大学生传递的信息赋予丰富的表达形式，比如以视频的形式出现，也可以以文字加图片的形式出现。这样的表达方式避免了简单的说教，可以吸引大学生的注意力，将枯燥的理论知识趣味化，减少大学生的抵触心理，拉近教育内容和大学生的距离，帮助大学生理解和内化。

（3）有利于教育者和大学生的平等双向互动

网络交流在一个虚拟的平台上实现了交流主体的平等双向互动。传统的思政教育中，教育者和大学生的身份区分是非常明显的，双方的交流总是在设定的身份范围内进行，交流氛围无形中受到这种身份界定的影响。网络思政教育中，教育信息以文字、图片、视频形式出现，大学生完全以一种放松的心态在接收这些信息。即使教育者和大学生在运用 E-mail、QQ、微信等交流时，由于双方不是面对面的接触，大学生的心态相对而言是比较放松的，与教育者的对话能更好地实现双方的平等互动。

（二）以手机媒体为平台创新思政教育方式

手机作为一种新媒体，已经不再是单纯的通信工具，人们利用它可以随时随地上网获取信息、了解新闻、收看电视等，手机给人们的生活带来了许多便利。

1. 手机媒体的概念

随着信息科技的飞速发展，新媒体的表现形式也在发生巨大转变。当今时代，手机媒体已经成为新媒体的主要表现形式，并且随着社会的变化，其内涵和表现形式越来越丰富。

有人认为，新媒体是在弥补前一种媒体缺陷的基础上而诞生的。从这个意义上来看，对于手机媒体就可以定义为：在互联网产生以后为了克服之前媒体存在的缺陷而产生的一种新的媒体形式。相比较其他媒体而言，它的传播介质更适于信息传播。当然，这一新媒体的实现形式是依附于互联网的，但它具有自成一体的无线网络。与那些使用有线网络的计算机相比，手机媒体能够更加及时、迅速地处理信息，具有更强的互动性。并且手机的形体更加小巧玲珑，比形体笨重的计算机携带方便，更加符合大学生个体的需要。相对于互联网来说，手机媒体具有更强的防范病毒和黑客攻击的能力。因此可以说，在现代社会或者未来的发展中，由于手机媒体人性化的传播优势使其成为新媒体发展的主要方向。

手机媒体发展至今并没有严格科学的概念来界定手机媒体，大部分关于手机媒体的解释都是模糊不清的，不同专业背景的人有不同的说法，以至于出现了一些表述上的不一致。笔者认为，手机媒体是以移动终端（手机）为媒介，以通信网络为基础，以双向或多向互动为主要传播方式进行信息传播的新媒体，是通过手机进行信息表示和传输的载体。

2. 使用手机媒体开展思政教育的有效措施

手机媒体为开展思政教育活动提供了资源丰富、覆盖面广的教育平台，成为思政教育信息的集散地和社会舆论的放大器。因此，高校必须探索出一条运用手机媒体开展思政教育的有效途径，使手机媒体为传播社会主义先进文化而发挥自身的作用，成为思政教育的前沿阵地和广阔空间。

（1）利用手机媒体加强思政教育的导向性作用

大学生思政教育在树人、育人的过程中，既要注重互动性、针对性，也要重视信息传播媒介的导向性、理论性。深入了解不同教育对象的实际认知能力、道德水平和思想状况，有的放矢地引领、疏导其提升境界、树立信念，通过增强引领的导向性来提升思政教育的实效性。

要在全社会范围内建立信息平台，引领正确舆论导向。国家机关、政府机构、社会组织必须充分认识到手机媒体在思政教育中的引领作用，在全社会范围内建立广泛的信息应用平台，以现代信息技术为先导，提高信息加工处理和反应速度，扩大信息传播的覆盖面积，凝聚力量、鼓舞士气、导正风气，增加思政教育的控制力和主动权。同时必须认真考虑青年一代的各方面需求，在大学生思政教育过程中调动青年人的积极性和参与性，在教育者和受教育者之间营造出平等、开放、互动、共享的教育氛围，充分发挥手机媒体的舆论引导功能，将社会主流文化渗透其中，弘扬社会正气。

（2）在大学生群体中营造文明使用手机媒体的环境

大学生是校园活动的主体，要重视大学生的主导地位，给予其充分的尊重，通过手机媒体的运用，实现教师与学生之间的平等沟通与交流。此外，高校要重视校园内的手机文化建设，构建独具魅力的手机文化环境，倡导积极健康的手机媒体运用。高校应组织其文明向上的手机文化交流活动，促使大学生提高自身的文化和思想道德修养，防止不良信息的侵蚀，树立积极向上的生活态度。

（3）加强对手机媒体的宏观监督与管理

手机本身所具有的特点使手机所传播的信息纷繁复杂、良莠不齐，在大学生群体中手机传播的内容一部分存在极大的负面作用，对大学生的思想和行为产生不良影响。对此，相关部门必须加强对手机媒体的监管，建立宏观监管机制刻不容缓。

一方面，手机媒体行业必须加强自我监督、自我管理，完善行业自查机制。手机媒体行业必须严格制定和执行行业规范，加强自我监督、自我管理，从源头入手，清除虚假信息、黄色信息、不良信息。与手机媒体相关的各方力量，比如监察部门、运营商、代理商及手机用户，也应从技术、法律、道德等层面对手机媒体行业进行监督管理，积极贯彻执行监督管理条例，为手机媒体行业的健康发展贡献自己的一份力量。

另一方面，手机媒体的社会责任感亟待提高。政府部门必须建立健全手机媒体行政管理机制，加强手机媒体领域的社会责任意识、道德意识和法律意识。手机媒体行业则需要加强从业人员的社会道德和职业道德建设，主动接受有关部门和手机用户的监管，勇于承担净化手机媒体传播环境、维护公共信息传播秩序的责任，履行保障手机媒体安全、稳定、有序发展的社会责任和义务。

三、加强新媒体环境下思政教育的创新措施

（一）以法律和行政手段约束新媒体的运行和使用

1. 法律约束

法律约束是指依照国家制定的法规的法律效力，对社会人的行为产生的制约机能。它是加强管理机制的一种重要手段。法规中的法律、法令、条例和规定等，一经依法成立，都具有法律约束力，由国家强制力所保障。思政教育功能的发挥，必须以资源作为供应并提供动力。法律的作用可以分为规范作用和社会作用。规范作用是从法律调整人们行为的社会规范这一角度提出来的，而社会作用是从法律在社会生活中要达到一种目的的角度来认识的。法律作为高校思政教育的重要资源，对思政教育有重要的保障作用。通过法律手段，可以更加彻底地开发思政教育的资源，可以提高教育者和受教育者对思政教育的本质性认识，进而有利于思政教育实

践的资源获取和开发，提高对思政教育本质属性的正确认识，获取社会的广泛认同，提高思政教育的有效性。

随着新媒体技术的不断发展，我国社会发生了翻天覆地的变化，在高校领域个人主义、拜金主义、享乐主义等负能量有滋生、泛滥之势，这些不良信息对大学生的思想、道德、政治觉悟和价值观的正确形成产生了负面影响，更有个别大学生在不良信息的唆使下被狭隘的眼前利益所驱使，走上了违法犯罪的道路，给自己的人生、家庭和社会造成了极大的伤害。在如此严峻的形势下，高校思政教育最原始的灌输和说服所产生的力量和效果都显得比较羸弱，只有依靠法治的力量，再强化思想上的教育，双管齐下，才能抵御和澄清大学生认识和思想上的混乱，弥补思政教育依靠说教等方式带来的执行力弱的缺点，促进高校思政教育的顺利开展。

法律约束与思政教育是一种相辅相成的关系，两者在引导人的行为和维护社会发展上，相互作用，相互补充，彼此支持。高校思政教育比较强调潜移默化，强调"觉悟"的作用，是一种以"号召"为其主要特征的影响过程。通常情况下，高校思政教育具有明显的有效性，这种有效性融入大部分受教育个体中，但是对缺乏道德自觉和追求的人就很难起作用。法律则不同，它不仅能通过具有强制力的法律手段惩罚那些道德不轨的人，保障道德规范的实现，还可通过授予荣誉称号、表彰、晋级等法律手段，鼓励人们的道德追求，对于提高思政教育实效性大有裨益。

政府立法与学校规章同行。通过政府的立法，可以规范新媒体的行为，净化新媒体环境，对于不文明、有伤道德的行为做出教育甚至惩戒，引导大学生能够健康、合理合法地利用新媒体。当然，单纯的政府立法是不够的，由于高校是社会和历史的一部分，不同的高校都有自己不同的传统和实际，所以，在进行立法"一刀切"管理的同时，各高校还应因"校"制宜，不失时机地制定新媒体管理条例和行为准则，用以规范高校思政教育工作。这样通过以政府立法为主，高校配套相关规定为辅，就能够全方位构建起高校思政教育的法律屏障。

积极宣传政府法律，普及法律意识，使法治观念深入人心是高校思政工作者的责任和义务。在进行思政教育过程中只有做到有法可依、有法必依，才能有效净化新媒体环境，避免大学生因为新媒体使用不当而出现的违规违纪现象。当面对一些不文明行为或发现一些不良信息通过新媒体传播时，高校应该占领"舆论"制高点，利用法律武器，通过必要途径对不良信息实行有效管制和封堵，坚决杜绝不良信息和不良现象的传播与扩散，净化新媒体空间环境，为大学生成长成才和树立正确的人生观、价值观提供有效的法律保证。

2. 行政约束

行政约束行为，是指相关部门为保障社会和他人的安全对具有某种可能危害社会、他人或本人安全情形的自然人所采取的短时间限制其人身自由的行政措施。"十年树木，百年树人。"培养全面健康发展的为社会所需要的优秀人才，既是国家对人才的需要，又是高校的光荣使命。随着新媒体技术的发展，现实生活中有许多不良的风气侵蚀着大学生的思想，这些不良风气一方面影响着大学生科学的人生观、世界观与价值观的形成，另一方面阻碍了高校全面、健康、稳定发展的步伐。因此，高校要运用一定的行政手段、行政措施来约束规范大学生的行为，并以此来协调大学生与大学生、大学生与高校、大学生与社会之间的关系，以确保大学生养成良好的思想道德品质和行为习惯。

新媒体技术的发展，使高校的思政教育工作的复杂性和艰巨性增加。在思政教育过程中，高校要建立健全突发事件应急管理机制，务必做到组织机构健全，人员定岗定位，责任分工明确，只有未雨绸缪，才能最大限度地预防、管控危机，维护高校正常的教学秩序和生活秩序，保持校园稳定。

高校采取行政手段的一个典型表现就是担负起监控校园舆情的重要任务。这项工作的主要负责人应该是高校从事思政教育的行政管理人员，这要求学校对舆情的监控，能够实现在第一时间准确地把握学生心理动态，防止群体性事件的发生，务必将一些危机事件的苗头消灭在"摇篮"中。应对与遏制不良信息的泛滥传播任重而道远，具体来说，有以下几个方面。

第一，建立高校舆情危机事件应急处理小组。新媒体使人们在一个非常自由的环境下接收和传播信息，有用与无用的、正确与错误的、先进与落后的各种信息充斥于大学生周围，对此要有清醒的认识，如果处理不好，就会使学生的是非观念模糊，社会责任感弱化，极易导致学校和社会政治的不稳定，从而增加高校思政工作监管的复杂性和艰巨性。鉴于高校大学生心理发展还处在不够成熟的阶段，在各种信息的煽动下，心理素质有待提升，加之从众心理比较普遍，这样，很难理性地去处理一些敏感话题或者热点问题，容易导致事态的不可控发展，造成极坏影响。高校通过建立舆情危机事件处理小组，制定校园舆情应急预案，建立大学生心理档案等措施，当面临应急事件时，能够在第一时间启动应急处理方案，对事发大学生进行疏通和引导等方面的心理干预。在事件还未爆发之前，要通过相应的思政教育网站和论坛，发布权威和正确的信息，在还原事件真相的同时，能够让大学生了解事态变化，稳定大学生情绪，净化校园环境。此外，还要借助社交媒体了解大学生思想动态发展，引导大学生正确地去处理敏感事件，净化新媒体环境。应急小组成员的筛选过程一定要本着慎重、认真的态度，选择高校中那些政治性强、思维清晰、处理事情理性的学生干部和学生党员。高校突发事件的发生发展是一个循序渐进的过程，因此，高校要提高应急组织机构人员的危机传播管理意识，确保信息系统的畅通及时有效，加强管理人员的危机传播管理知识教育和系统培训。同时建立健全组织体系，达到人员管理的常态化，这是高校行政干预的保障。

第二，高校要建立舆情监督机构。所谓监督，指的是及时发现和纠正计划执行进程中的偏差和错误。面对高校舆情，要制定必要的规章制度，明确各个岗位人员的职责，建立健全岗位责任制，定期或不定期地进行检查，从中发现各种矛盾，找出原因，及时采取措施予以纠正。监督不仅包括对教育、教学过程的监督，还包括对计划、制度本身正确与错误的检验和调整。监督的主要手段有检查、评比、总结、考核、教育和鼓励。为了及时发现问题，解决问题，少受损失，必须建立灵敏的、准确的、有力的反馈信息系统。同时对于利用新媒体所发布的讯息，高校舆情监督机构应该进行细致严谨的审核，加强有效信息的过滤整合，在有限的范围内加强内容的实效性，提升每一条讯息的质量和价值。这种舆情监督机构的建构，一定要明确人员分工，对于送审流程进行细致的规范，提高审核效率，确保出现问题后能够及时反馈，有效改正，强化审核制度的执行力。

第三，发挥学生干部以及学生党员的主体性作用。学生干部以及学生党员在信息的传播、扩散过程中起着非常重要的作用，也是信息能否有效传播的重要一环，高校可以通过必要的行政手段，培养一支思想先进的学生干部及学生党员队伍，通过发布符合主流意识形态的相关信息，与大学生进行沟通和疏通，防止某些机构或个人利用敏感事件造成社会动乱。高校的思政教育工作切勿一味地消极防守，也要适时地主动出击，把握话语权。这个过程中，还要不断强化这支队伍：一要增强学生党员干部的主体意识；二要提高学生党员干部的思政素养；三要搭建学生党员干部的活动平台。

教育过程中高校思政教育与行政管理是相辅相成、互相促进的统一的有机体，思想教育是行政管理的基础，而行政管理又是做好思政工作的有力手段。没有行政管理的思想教育是软弱无力的思想教育；没有思想教育的管理是盲目的管理；行政管理既代表学生的根本愿望和利益，也代表学校的意志和要求。行政管理带有强制性，它是建立在合情、合理、合法的基础上，没有合理的行政管理，即使思政教育有些成效，也难以持久。思政工作加强了行政管理的力度和作用，行政管理又巩固了思政工作的成果，所以说，行政管理是思想教育的一种形式，思政教育是一种管理手段，二者相得益彰。

（二）培养大学生正确地使用新媒体的能力

自律的含义是："在没有人现场监督的情况下，通过自己要求自己，变被动为主动，自觉地遵循法度，拿它来约束自己的一言一行。自律并不是让一大堆规章制度来层层地束缚自己，而是用自律的行动创造一种井然的秩序来为我们的学习生活争取更大的自由。"自律在高校思政教育过程中具有积极的意义。

高校大学生应该从以下三个方面做到自律：

一是强化自我责任意识，让大学生明白"无规矩不成方圆"的道理，增强大学生的责任意识、规矩意识，让大学生明白必须对言论肩负责任，增加大学生的责任感。

二是通过实践教育，提高判断力，通过设身处地的实践，了解事件所表达出来的深层次真相，借以提高自己的判断水平和明辨是非的能力。

三是要积极提高自己的道德水准。"流言止于智者。"只有自身形成抵抗负面信息的能力，才能在新媒体时代独树一帜，洁身自好。具体要求是大学生在信息传播过程中，不传播淫秽、暴力、反动的信息，杜绝利用新媒体技术侵害他人利益的行为，培养自己健全的人格。

高校学生组织是高校思政教育的重要渠道。随着新媒体技术的不断进步，随着教育体制改革的不断深入，大学生学习、生活方式发生新的变化，参与学生组织，参与学校活动，成为学生丰富校园生活，培养兴趣爱好，增加交友范围，丰富课余生活的重要方式。

大学生组织日益成为高校中具有影响力的群体，日益成为学生思政教育工作的一个重要途径和渠道。高校思政教育应努力发挥学生组织的团队作用，积极利用新媒体手段，开展思政教育活动。例如，可以定期地利用学生组织开展相关的思政教育活动，定期组织学生参观彰显社会正能量的场所等。

参考文献

[1] 陈金平. 多媒体时代高校的思政教育研究 [M]. 北京：北京工业大学出版社，2020.

[2] 陈志勇. 新媒体时代的大学生思政教育 [M]. 北京：中国文史出版社，2014.

[3] 杜坤林. 冲突与重建——当代大学生道德价值观研究 [M]. 上海：上海交通大学出版社，2013.

[4] 范翠莲，李春风，边黎明. 思政教育与实践 [M]. 北京：九州出版社，2018.

[5] 房玫. 思政理论教育教学导论 [M]. 合肥：安徽人民出版社，2005.

[6] 甘玲. 践行渐悟：高校思政课实践教学的探索与实践 [M]. 秦皇岛：燕山大学出版社，2017.

[7] 关键，丁宏. 以人为本与高校大学生思政教育实践创新 [M]. 哈尔滨：黑龙江大学出版社，2016.

[8] 黄蓉生. 改革开放以来大学生思政教育论纲 [M]. 北京：人民出版社，2014.

[9] 黄泰岩. 新时代高校思政教育理论与实践 [M]. 北京：社会科学文献出版社，2020.

[10] 黄学模. 科学化视野下创新高校思政教育 [M]. 北京：中国文史出版社，2014.

[11] 教育部思政教育工作司. 大学生网络思政教育 [M]. 北京：高等教育出版社，2011.

[12] 李丽娜，李久林．大学生思政教育整合与创新研究［M］．北京：首都经济贸易大学出版社，2013．

[13] 李霓．新媒体时代大学生思政教育挑战与创新［M］．天津：天津科学技术出版社，2018．

[14] 李欣．网络环境下学校思政教育的改革与发展［M］．长春：东北师范大学出版社，2018．

[15] 凌霞．新时代思政课建设研究［M］．北京：九州出版社，2020．

[16] 刘利峰．思政教育与创新研究［M］．北京：北京理工大学出版社，2019．

[17] 刘雪峰．高校思政教育与校园文化建设创新研究［M］．哈尔滨：黑龙江大学出版社，2014．

[18] 罗洪铁，周琪．思政教育学理论的形成与发展研究［M］．北京：中国文史出版社，2014．

[19] 孙绍斌．大学生思政教育工作的理论与实践［M］．北京：中国文史出版社，2015．

[20] 孙正林．当代大学生主题教育研究［M］．北京：人民出版社，2014．

[21] 顾海良．高校思政理论课程建设研究［M］．北京：中国人民大学出版社，2016．

[22] 王爽．新媒体时代大学生思政教育的挑战与创新［M］．北京：中国言实出版社，2014．

[23] 谢守成，王长华．国际化视野下大学生思政教育创新发展研究［M］．北京：人民出版社，2014．

[24] 徐峰．新中国大学生思政教育研究［M］．北京：人民出版社，2013．

[25] 杨贤金．高校实践育人的探索与创新［M］．北京：中国书籍出版社，2015．

[26] 杨章钦，徐章海．思政理论课教学改革与大学生思政教育互动研究［M］．上海：上海财经大学出版社，2017．

[27] 张禧，毛平，尹媛媛．大学生思政教育时效性探索［M］．成都：

西南交通大学出版社，2014.

［28］ 张瑜. 高校网络思政教育发展与创新研究［M］. 北京：人民出版社，2014.

［29］ 张志军，沈威，高飞. 构建高校发展型学生工作体系的理论与实践［M］. 北京：中国书籍出版社，2015.

［30］ 周成军. 大学生思政教育与创新创业［M］. 北京：光明日报出版社，2016.

［31］ 周家亮. 新时代思政课教师专业理论素养提升丛书［M］. 济南：山东人民出版社，2020.